Résolutions pour l'époque où je Deviendrai Vieux,

et autres opuscules Humoristiques

Jonathan Swift

présenté par

ÉRIC CHEVILLARD

Résolutions pour l'époque où je Deviendrai Vieux, et autres opuscules Humoristiques

GF

Traduit de l'anglais par Léon de Wailly.
Sauf mention contraire, les notes sont de l'éditeur.

ISBN : 978-2-0813-3910-1

Instructions au Lecteur

par
ÉRIC CHEVILLARD

On voit en elle l'arme du fourbe ; elle serait la langue bifide de l'homme-serpent : l'ironie est mal considérée. Poivre dans la dragée, feuille d'ortie dans le bouquet de menthe, elle est sœur de la sournoiserie et de la trahison. Sera-t-il jamais possible de se délecter de miel sans être piqué par cette abeille ? se demande le gros ours mortifié.

Puis il a le nez qui enfle et ses narines se bouchent. Ou c'est sa langue, devenue énorme, qui le fait suffoquer. Ou son œil encore qui soudain ne tient plus dans cette petite orbite et jaillit de celle-ci jusqu'aux plus hautes frondaisons : voici dans son nid un bel œuf blanc et noir que la pie n'aura pas à pondre. Le soupçon de recel qui souvent l'accable n'a sans doute pas d'autre origine.

Quant à l'ours, maintenant il titube. Les écureuils lui lancent quelques noisettes pour le payer de sa danse. La vrille du vertige essore sa vieille peau. On peut la vendre. Le néant s'ouvre. L'ours s'abat sur la feuillée. Il est mort.

Étendu tout d'une pièce dans sa garniture d'airelles et de champignons. L'ironie l'a tué.

Mais en vertu de quoi s'autorisait-il à voler ainsi les abeilles ? L'ironie est une juste riposte, elle est le tel-est-pris-qui-croyait-prendre *écrit à l'encre de seiche sur la vareuse neuve du marin pêcheur. Elle est un révélateur tout autant qu'un acide. Certains objets lui résistent, ne lui donnent pas prise. L'ironie est une épreuve comme le feu. Ceux qui la manient ne l'aiment pas pour elle mais pour ce qu'elle épargne : la justice, l'innocence, la vérité, la beauté.*

Hé oui.

Le satiriste n'est pas un sceptique. Il a des idéaux. Il n'est pas loin d'être naïf. Il croit que l'on peut dissoudre l'imposteur, l'exploiteur ou le tyran dans un bain d'ironie. On lui voit un vilain rictus : c'est le doux sourire de la déconvenue. Et si son œil distingue si bien les travers et les ridicules de l'ennemi, peut-être doit-il cette sagacité à l'effet loupe de sa larme ?

N'écartez pas trop vite cette hypothèse et gardez en mémoire les considérations qui précèdent à l'instant de vous engager dans ce recueil des opuscules satiriques et humoristiques de Jonathan Swift, le plus térébrant des ironistes, le plus impitoyable, le plus implacable. Puis, comme j'ai moi-même pris quelque avance et que j'en sors, tout emporté encore par l'élan de ma lecture, permettez-moi d'y retourner avec vous au prétexte de vous faire profiter de mon expérience.

Mais je ne vous ai même pas prié de vous asseoir ! Je manque à tous mes devoirs. Si le préfacier a pour mission d'accueillir aimablement le lecteur, le savoir-vivre exige en premier lieu qu'il lui propose un siège. Ne restez pas debout comme ça. Même si vous voyagez dans les transports en commun à l'heure de pointe, vous avez droit à un siège. Les places assises, rappelons-le, sont réservées aux vieillards, aux infirmes, aux femmes enceintes et aux lecteurs. Vous avez même la priorité sur les trois premières catégories. Le lecteur est un être adorable et précieux. Il est beau, surtout de profil. Souvent, il n'y en a pas deux comme lui. Il mérite sans conteste ce traitement de faveur. Car enfin, les vieillards n'ont pas tous à se vanter d'en être arrivés là ; les infirmes disposent déjà pour la plupart de leur propre fauteuil, lequel est de surcroît muni de roues, ce qui pourrait d'ailleurs nous amener à nous interroger sur la légitimité de leur présence dans ces bus et ces métros conçus justement pour ceux qui sont dépourvus de moyen de transport ; quant aux femmes enceintes, elles ont fait la preuve de leur vigueur, me semble-t-il, puis elles étaient étendues il y a peu de temps encore et seront bientôt de nouveau en couches, il ne leur fera pas de mal d'expérimenter un moment la position verticale. Voilà. La primauté du lecteur me paraît suffisamment établie. Elle ne souffre aucune discussion. Bien sûr, il pourra vous être demandé quel livre vous êtes en train de lire. Dans certains cas, au vu de son titre, vous serez invité à vous relever. Quelquefois même à quitter la rame. Et ne remettez plus jamais les pieds ici ou nous ne répondons de rien. Mais si vous lisez le présent ouvrage, il ne vous arrivera rien de si fâcheux.

Prenez vos aises. Vous allez rire, il est donc important que vous ayez préalablement assuré votre équilibre. Carrez-vous bien au fond de votre fauteuil. Si vous voyagez présentement par avion, la ceinture de sécurité du siège dont l'efficacité en cas de crash reste à prouver (il arrive en effet que la tête du passager roule au loin et quelquefois même fasse du dégât, comme au bowling, dans un massif corallien alors pourtant que les madrépores menacés de disparition jouissent de mesures de protection d'autant plus sévères qu'ils forment la barrière naturelle qui défend les lagons contre l'invasion des requins, le désespoir des familles et l'indécente prospérité des prothésistes), cette ceinture de sécurité, disais-je, pourrait trouver là sa fonction – à se demander si elle ne fut pas mise au point dans ce dessein : maintenir assis le lecteur de Jonathan Swift que les turbulences de son rire risqueraient de faire rouler au sol, dans l'allée centrale.

Puis l'hôtesse trébuche, la panique gagne les passagers, les pilotes affolés perdent le contrôle de l'appareil. Ainsi s'expliquent sans doute tant d'accidents aériens demeurés mystérieux. Le triangulaire trou noir des Bermudes ne méritait sans doute pas cette triste réputation. La responsabilité du doyen de la cathédrale Saint-Patrick me paraît plus sérieusement engagée dans cette affaire. Vous voilà prévenus. Bouclez votre ceinture.

Votre aplomb sera de toute façon ébranlé par celui de l'auteur. Qui mérite même d'être appelé toupet et qui constitue l'une des plus remarquables qualités de Swift, avec la mauvaise foi, l'alacrité du ton et la précision du style. Swift peut tout se permettre. Son agilité est époustouflante ; il y a du chat en lui et il est un peu curieux, du coup, de lui voir une plume. Les coussinets sensibles de sa patte auraient suffi sans doute, et soudain la griffe qui jaillit : « Sans nos écrivains, la nation serait en peu de temps complètement destituée de torche-culs, et devrait de toute nécessité les faire venir d'Angleterre et de Hollande, où ils les ont en grande abondance, grâce au travail infatigable de leurs propres beaux esprits. »

Étonnant tout de même comme certains écrits ne se démodent pas et conservent après trois siècles, dans un contexte différent, toute leur pertinence. Je voudrais insister sur cette propriété singulière de l'ironie swiftienne. Après s'être exercée sur son objet et l'avoir si bien rongé que nous peinons en certains cas aujourd'hui, faute d'érudition ou d'intérêt pour l'Irlande des XVIIe et XVIIIe siècles, à en saisir exactement les contours, cette ironie demeure active, corrosive ; elle existe en soi, prête à servir, comme un bassin de crocodiles dans l'attente des prochains suppliciés.

Croirez-vous pourtant que nous avons plaisir à y plonger nous-mêmes, à nous y baigner et plus joyeusement nous ébattre que dans la claire fontaine ? C'est une jouissance très particulière à laquelle il est possible de prendre si bien goût que les voluptés ordinaires nous paraîtront bientôt trop suaves, harassantes comme la sollicitude des mères, exaspérantes comme la compassion des collègues quand arrive au bureau notre lettre de licenciement, écœurantes comme l'onction de la voix du prêtre émoustillé par nos cuisants secrets. Enfin nous sommes pris pour ce que nous sommes et traités en conséquence. Notre peau ne veut plus de crèmes ni de pommades – pourquoi pas encore par là-dessus un coulis de cassis ? Pourquoi pas de la chantilly ?

Immergeons-nous dans ce bienfaisant vitriol, il n'attaquera pas notre toujours jeune et souple corps, il ne lèsera pas notre cerveau fécond. Mais il nous dépouillera de cette belle âme artificieuse et hypocrite qui engourdit nos réflexes de libres penseurs, il nous débarrassera de ces bonnes manières précautionneuses, de cette lâcheté de l'esprit qui ne mobilise toutes ses facultés que pour se mettre en règle avec la doxa. *Swift corrige comme il le mérite le crétin grégaire qui sommeille en nous et bâille avec la meute. Et peu nous importe d'abord que son ironie soit ou ne soit pas au service d'une noble cause. C'est sa morsure que nous voulons.*

« Une très petite dose d'esprit est estimée dans une femme, comme nous aimons quelques mots prononcés nettement par un perroquet. »

Les considérations de Swift sur les femmes mettent à rude épreuve nos conceptions récentes et mieux informées touchant l'égalité des sexes. Nous nous révulsons avec horreur devant de tels propos. Nous les contestons avec force. Nous les réfutons avec colère. Nous en rions avec honte. Parmi les opuscules rassemblés dans ce recueil, le lecteur qui est un brave type soupirera souvent en lisant la Lettre à une très jeune personne sur son mariage. *Dissertant au sujet des femmes, donc, Swift, un peu agacé de les surprendre animées toujours par des questions de toilette, « comme si toute l'affaire de votre vie et l'intérêt du monde entier dépendaient de la coupe ou de la couleur de vos vêtements », les interpelle, pour sa part, sans mettre de gants : « Quand je songe à cela, je ne puis croire que vous soyez des créatures humaines et autre chose qu'une espèce d'un degré à peine au-dessus du singe, qui a plus de ruses divertissantes qu'aucune de vous, est un animal moins malfaisant et moins coûteux, pourrait avec le temps être un critique passable en fait de velours et de brocard, qui, pour ce que j'en sais, lui iraient tout aussi bien. »*

Voilà la misogynie élevée au rang des beaux-arts. Tant qu'à faire, il serait en effet dommage de la laisser aux mains des brutes et des benêts. Or Swift n'en reste pas là. Il raille encore la supposée poltronnerie de nos vaillantes sœurs et compagnes et leur reproche de « fuir une vache à cent pas de distance ; de tomber en pamoison à la vue d'une araignée, d'un perce-oreille ou d'une grenouille ». Cher Jonathan, revenez vous-même répéter tout cela aux femmes de ce temps si vous avez tant de courage… Et tenez, voici déjà qu'il se dédit : « Je ne connais pas de qualité aimable dans un homme qui ne le soit également dans une femme. »

Ce que Swift demande à ses contemporaines, en réalité et si on le lit bien, c'est de ne plus consentir à la condition qui leur est faite et à laquelle elles se résignent trop complaisamment à son goût, c'est de lire, de s'instruire, de ne plus se détourner des conversations politiques ou philosophiques comme elles ont coutume de le faire pour « se consulter avec [leur] voisine au sujet d'une nouvelle cargaison d'éventails ». Ce que Swift n'aime pas, c'est ce que la société de son époque a fait de la femme : une coquette écervelée et ignorante. Il veut la vexer, la piquer au vif afin qu'elle réagisse.

Force est de constater que sa stratégie a été couronnée de succès. À se demander en effet s'il n'a pas initié secrètement et avec une abnégation qui l'honore le grand mouvement moderne d'émancipation de la femme. Et n'aurait-il pas de même été le premier à théoriser la lutte des classes et le premier encore à organiser la révolte contre l'autorité abusive des puissants en prodiguant de sages conseils à leurs valets dans ses fameuses Instructions aux domestiques *?*

Comment gruger vos patrons, comment se payer sur la bête, comment se venger des humiliations reçues, comment manipuler et manœuvrer son maître de manière à obtenir de sa prétendue munificence ce que vous souhaitez, comment surtout reprendre par ruse ce dont le sort vous a spolié en distribuant si injustement les naissances et les conditions. L'ordre social ne sera sans doute pas bouleversé mais une certaine équité sera rétablie. Qui l'eût cru ? Voici maintenant que sont jetés ici les fondements du syndicalisme : « Vous pouvez vous quereller entre vous tant que vous voudrez ; seulement ayez toujours présent à l'esprit que vous avez un ennemi commun, qui est votre maître ou maîtresse. »

Mais ces instructions, quelles sont-elles ? Eh bien, par exemple : « Quand vous avez cassé en bas toutes vos tasses en faïence (ce qui ordinairement est l'affaire d'une semaine), la casserole servira tout aussi bien. On y peut bouillir le lait, chauffer le potage, mettre de la petite bière, ou, en cas de nécessité, remplacer un pot de chambre ; appliquez-la donc et indifféremment à tous ces usages ; mais ne la nettoyez ni ne la récurez jamais, de peur d'enlever l'étamage. »

Il s'agit aussi de boire le vin du maître, de manger le meilleur morceau de son rôti en accusant du larcin le chat de la maison, d'inventer des excuses et des alibis ingénieux pour se soustraire le plus souvent possible aux devoirs de sa charge, de retarder les pendules pour gagner un peu de bon temps, et quant à la nourrice : « S'il vous arrive de laisser tomber l'enfant, et de l'estropier, ayez soin de ne pas l'avouer ; et s'il meurt, tout est sauvé. »

La leçon est digne des cyniques grecs. Surtout que Swift a l'art de pousser au crime en présentant tous ces abus de confiance, ces détournements, ces prélèvements, ces négligences comme autant de bons offices, en prétendant, avec une mauvaise foi si hardie qu'elle n'est pas très éloignée de la vraie ferveur, qu'ils sont utiles au maître, qu'il servent sa réputation. La roublardise, selon Swift, n'est après tout qu'un honnête moyen de rétablir des équilibres compromis par la fausseté d'un monde et d'une société dont nous sommes trop souvent les dupes.

Et si nous sommes par principe opposés au duel, la meilleure chance d'en finir avec celui-ci n'est-elle pas de laisser s'entretuer ses partisans sur le pré, au petit matin ?

Puis : « Si un homme me tient à distance, ma consolation est qu'il s'y tient aussi. »

Jonathan Swift est un grand logicien. Il n'avance rien qu'aussitôt il ne prouve par a + b (surcroît de plaisir : il utilise aussi toutes les autres lettres). On serait bien en peine de prendre en défaut sa science de l'argumentation. S'il consacre toute une page à énumérer et à évaluer les différents moyens qui s'offrent à nous pour éteindre une chandelle et qu'il en arrive à la conclusion que « la plus prompte et la meilleure des méthodes est de la souffler », la chose désormais ne souffrira plus contestation. Nous en avions l'intuition peut-être ou nous le savions d'expérience, il n'empêche que la démonstration manquait. Un certain malaise persistait. Peut-être pourtant était-il possible d'éteindre mieux les chandelles et plus efficacement d'une autre façon. Cette épine dans notre talon ralentissait notre marche triomphale ; là, se tenait le point faible de nos théories les plus sûres. Grâce à Swift, le doute n'est plus permis. Nous allons connaître la paix. L'homme désormais peut s'endormir tranquille après avoir soufflé sa chandelle… swifffft… *!*

L'onomastique est une science bien approximative, certainement, et qui n'eût pas manqué de susciter les sarcasmes de l'auteur des parodiques Prédictions pour l'année 1708 *dirigées contre ces faiseurs d'almanachs, « ignares trafiquants entre nous et les astres », qui chaque année publient « toute une cargaison d'absurdités, de mensonges, de folies et d'impertinences, qu'ils offrent au monde comme venant tout droit des planètes, quoiqu'elles ne descendent pas de plus haut que leur propre cerveau ». Il n'est plus là pour rire de moi et j'aventurerai donc, malgré tout, que Swift est un nom bien porté. C'est le bruit soyeux des skis sur la pente vertigineuse, leur dérapage contrôlé avec gerbe de neige fusant dans le virage, coiffant la galerie des badauds. C'est le satin déchiré glissant à terre, révélant le corps nu de la vérité. C'est la baudruche crevée de la Théorie régnante qui monte en zigzags, en chiffe molle, dans le ciel des idées mortes...* swift... *c'est un peu le* tchip *que s'entend répondre l'homme qui parle de lion à un passereau, selon Henri Michaux.*

On croyait l'ironie trop mélangée, trop trouble et mal inspirée pour enfanter jamais un chef-d'œuvre. De riantes fantaisies, oui, sans doute, des satires cruelles, de féroces libelles, mais une œuvre parfaite, sans défaut : impossible. Nos goûts sont simples, nos sens délicats. L'excès d'épices a tôt fait de nous gâter un plat. En voici un, pourtant, un plat atrocement épicé, qui est aussi une démonstration de force de la littérature. Ce chef-d'œuvre s'intitule Modeste Proposition pour empêcher les enfants pauvres en Irlande d'être à la charge de leurs parents ou de leur pays et pour les rendre utiles au public. *Il ne s'agit pas, comme on pourrait le penser, d'un manifeste anthropophage ou d'un conte de fées destiné pour une fois à endormir les petits ogres, mais bel et bien d'un traité d'économie rigoureux dont, au vu de l'état actuel du monde, nous pourrions être bientôt amenés à méditer de nouveau les recettes.*

« Un jeune Américain de ma connaissance, homme très entendu, m'a certifié à Londres qu'un jeune enfant bien sain, bien nourri, est, à l'âge d'un an, un aliment délicieux, très nourrissant et très sain, bouilli, rôti, à l'étuvée ou au four, et je ne mets pas en doute qu'il ne puisse également servir en fricassée ou en ragoût. » Voilà donc un moyen simple de rendre son ventre et ses belles couleurs à l'Irlande miséreuse et affamée du XVIIIe siècle. Les enfants, il y en a toujours trop. Toutes ces bouches à nourrir, que ne commencent-elles d'ailleurs par mâcher leur propre langue,

succulent morceau informé de sa saveur sans pareille par ses papilles idéalement constitutives de la viande même ?

Dévorons nos fils ; il y a de la moelle dans leurs os tendres. Leur cheveu est un fin vermicelle. « Un enfant fera deux plats dans un repas d'amis ; et quand la famille dîne seule, le train de devant ou de derrière fera un plat raisonnable. » Ce pourrait être une farce ; elle serait amusante. Mais ce texte, on le sent bien, est d'une violence extrême. C'est un texte armé, un texte de combat. Ce massacre des innocents, proposé comme une solution de bon sens, n'est-il pas perpétré déjà par les riches Anglais qui abandonnent l'île à la misère, à la famine, et qui prospèrent sur le désespoir des habitants ? « J'accorde que cet aliment sera un peu cher, et par conséquent il conviendra très bien aux propriétaires, qui, puisqu'ils ont déjà dévoré la plupart des pères, paraissent avoir le plus de droits sur les enfants. »

La voix de l'indignation se perdrait parmi les cris de détresse des affligés. La colère se brise toujours contre la granitique indifférence des puissants. On la réprime. On la mate. On envoie la garde. La charge humoristique est moins facile à contrer. L'ironiste fait mine d'abonder dans le sens de l'ennemi. Il feint de se ranger aux raisons des persécuteurs, mais il les tourne en dérision. Il les ridiculise. Mortelle blessure. Leur cruauté inhumaine leur explose au visage.

Aussi la vraie recette que nous livre la Modeste Proposition *ne concerne-t-elle pas ce « nouveau plat introduit sur les tables de tous les gens riches du royaume qui ont quelque délicatesse de goût » ; elle consiste dans l'art et la manière d'accommoder l'ennemi, de le laisser mijoter dans sa honte, de le hacher menu, de le réduire en bouillie, de n'en faire qu'une bouchée, si corpulent soit-il. Et comme il est en effet beaucoup plus gras que le bébé dénutri des familles pauvres, le lecteur va faire bombance et se régaler.*

Mais c'est aussi un secret de littérature que nous confie Swift dans cette satire comme dans toutes celles qui composent le présent volume. L'écrivain est par définition celui qui n'use pas du langage attendu, lequel ne sait que figer les représentations admises dans le ciment d'une phraséologie au service de l'ordre et du pouvoir. L'écrivain laisse monter en lui le cri ou les pleurs comme n'importe qui, mais il les retient derrière la barrière de ses dents. Il leur refuse les formes convenues de leur expression : celles-ci sont conçues pour les étouffer, pour les banaliser, pour les désamorcer. L'écrivain va surprendre. Il arme une phrase neuve, il y coule son émotion, il met à la disposition de celle-ci des mots qui semblent la trahir ou se jouer d'elle et qui pourtant la servent avec une force inhabituelle, déconcertante, terriblement efficace. Voilà le monde réinventé. Se pourrait-il alors que nous soyons toujours vivants ?

Résolutions pour l'époque où je deviendrai vieux

NE point épouser une jeune femme.

Ne point fréquenter les jeunes gens, à moins qu'ils ne le désirent.

N'être point maussade, ni morose, ni soupçonneux.

Ne pas mépriser le présent, ses manières de voir, son genre d'esprit, ses modes, ses hommes, ses guerres, etc.

Ne point aimer les enfants.

Ne pas rabâcher sans cesse la même histoire aux mêmes gens.

Ne pas être cupide.

Ne pas négliger la décence ou la propreté, de peur de devenir dégoûtant.

N'être pas trop sévère pour les jeunes gens, mais faire une large part à leurs enfantillages et à leurs faiblesses.

Ne pas accorder d'influence, ni même prêter l'oreille, à de bavards coquins de domestiques, ou autres.

Ne pas être trop prodigue d'avis, et n'en donner qu'à ceux qui en demandent.

Prier quelque bon ami de me prévenir de celles de ces résolutions que je viole ou néglige, et en quoi, et me réformer en conséquence.

Ne pas trop parler, surtout de moi.

Ne pas me vanter de ma beauté passée, ni de ma force, ni de ma faveur auprès des dames, etc.

Ne pas écouter les flatteries, ni me figurer que je puis être aimé d'une jeune femme ; *et eos qui hæreditatem captant, odisse ac vitare*[1].

Ne pas être tranchant ni entêté dans mes opinions.

Ne pas me donner pour observer toutes ces règles, de crainte que je n'en observe aucune.

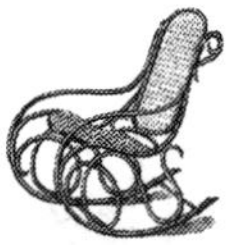

1. « Haïr et éviter ceux qui cherchent un héritage. »

Instructions aux Domestiques

Règles qui concernent tous les domestiques en général

QUAND VOTRE MAÎTRE ou maîtresse appelle un domestique par son nom, si ce domestique n'est pas là, aucun de vous ne doit répondre, car alors il n'y aura pas de raison pour que vous finissiez de trimer ; et les maîtres eux-mêmes reconnaissent que si un domestique vient lorsqu'on l'appelle, cela suffit.

Quand vous avez fait une faute, payez d'effronterie et d'impertinence, et conduisez-vous comme si c'était vous qui aviez à vous plaindre ; cela calmera immédiatement votre maître ou maîtresse.

Si vous voyez un de vos camarades faire tort à votre maître, ayez soin de n'en rien dire, de peur d'être traité de rapporteur : à moins, pourtant, qu'il ne s'agisse d'un domestique favori, qui soit justement haï de toute la maison ; auquel cas il est prudent de rejeter sur lui tout ce qu'on pourra de fautes.

Le cuisinier, le butler, le groom, l'homme qui va au marché, et tous les autres domestiques chargés des dépenses de la maison, feront bien d'agir comme si la fortune entière du maître devait être affectée à leur budget particulier. Par exemple, si la cuisinière évalue la fortune de son maître à mille livres sterling par an, elle en conclut raisonnablement qu'avec un millier de livres par an on aura suffisamment de viande, et que par conséquent il n'est pas besoin de lésiner ; le butler fait le même raisonnement ; autant en peuvent faire le groom et le cocher ; et ainsi la dépense en tous genres se fait à l'honneur de votre maître.

Quand vous êtes grondé devant le monde (ce qui, avec toute la déférence due à vos maîtres et maîtresses, est de bien mauvais goût), il arrive souvent que quelque étranger a la bonté de glisser un mot à votre excuse ; dans ce cas, vous serez en droit de vous justifier vous-même, et vous pouvez justement conclure que lorsqu'il vous grondera plus tard, dans d'autres occasions, il peut avoir tort ; opinion dans laquelle vous vous confirmerez en exposant à votre façon le cas à vos camarades, qui certainement décideront en votre faveur ; c'est pourquoi, je le répète, toutes les fois que l'on vous gronde, plaignez-vous comme si c'était vous qui étiez lésé.

Il arrive fréquemment que les domestiques envoyés en message sont sujets à rester un peu plus longtemps que le message ne l'exige, peut-être deux, quatre, six ou huit heures, ou quelque semblable bagatelle ; car la tentation à coup sûr est grande, et la chair ne saurait toujours résister. Quand vous revenez, le maître jette feu et flamme, la maîtresse crie ; vous faire mettre habit bas, vous bâtonner, vous jeter à la porte, voilà ce qui se dit. Mais vous devez être muni d'un assortiment d'excuses qui suffise à toutes les occasions : par exemple, votre oncle est arrivé ce matin en ville ayant fait quatre-vingts milles tout exprès pour vous voir, et il s'en retourne demain au point du jour ; un camarade, qui vous avait emprunté de l'argent lorsqu'il était sans place, se sauvait en Irlande ; vous preniez congé d'un vieux camarade à vous, qui s'embarquait pour les Barbades ; votre père vous avait envoyé une vache à vendre, et vous n'avez pas pu trouver d'acheteur avant neuf heures du soir ; vous avez fait vos adieux à un cher cousin qui doit être pendu samedi prochain ; vous vous êtes donné une entorse au pied contre une pierre, et vous avez été forcé de rester trois heures dans une boutique avant de pouvoir faire un pas ; on vous a jeté quelque chose de sale d'une mansarde, et vous avez eu honte de rentrer avant d'être nettoyé et que l'odeur soit partie ; vous avez été *pressé* pour le service maritime, et mené devant un juge de paix, qui vous a gardé trois heures avant de vous interroger, et vous avez eu beaucoup de peine à vous en tirer ; un recors, par méprise, vous a arrêté comme débiteur et vous a tenu toute la soirée en prison chez lui ; on vous a dit que votre maître était allé à une taverne et qu'il lui était arrivé un malheur, et votre douleur a été si grande, que vous avez demandé Son Honneur à une centaine de tavernes entre Pall-Mall et Temple-Bar.

Prenez le parti de tous les marchands contre votre maître, et quand on vous envoie acheter quelque chose, ne marchandez jamais, mais payez généreusement tout ce qu'on demande. Cela tourne grandement à l'honneur de votre maître, et peut vous mettre quelques shillings en poche ; et vous devez considérer que si votre maître a payé trop, il peut mieux supporter cette perte qu'un pauvre boutiquier.

Ne vous soumettez jamais à remuer un doigt pour aucune besogne autre que celle pour laquelle vous avez été particulièrement engagé. Par exemple, si le groom est ivre, ou absent, et que le butler reçoive l'ordre de fermer l'écurie, la réponse est prête : Sauf le respect de Votre Honneur, je ne m'entends pas aux chevaux. Si le coin de la tenture a besoin d'un seul clou pour la rattacher, et qu'on dise au valet de pied de le clouer, il peut répondre qu'il n'entend rien à cette sorte d'ouvrage, mais que Son Honneur peut faire venir le tapissier.

Les maîtres et maîtresses querellent communément les domestiques de ce qu'ils ne ferment pas les portes après eux ; mais ni les maîtres ni les maîtresses ne réfléchissent qu'il faut ouvrir ces portes avant de pouvoir les fermer, et que fermer et ouvrir les portes, c'est double peine ; le meilleur moyen donc, le plus court et le plus aisé est de ne faire ni l'un ni l'autre. Mais si vous êtes si souvent tourmenté pour fermer la porte qu'il vous soit difficile de l'oublier, alors poussez-la avec tant de violence en vous en allant que la chambre en soit ébranlée et que tout y tremble, afin de faire bien voir à votre maître ou maîtresse que vous suivez ses instructions.

Si vous voyez que vous faites des progrès dans les bonnes grâces de votre maître ou maîtresse, saisissez quelque occasion de leur demander d'un ton très doux votre compte ; et lorsqu'ils s'enquerront du motif, et qu'il paraîtra leur en coûter de se séparer de vous, répondez que vous aimeriez mieux vivre chez eux que chez n'importe qui, mais qu'un pauvre domestique n'est pas à blâmer s'il essaie d'améliorer sa condition ; que les gens qui servent n'ont pas de rentes ; que votre besogne est lourde, et que vos gages sont très légers. Là-dessus, votre maître, s'il a aucune générosité, ajoutera cinq ou six shillings par quartier, plutôt que de vous laisser partir ; mais si vous êtes pris au mot, et que vous n'ayez pas envie de partir, faites dire à votre maître par quelque camarade qu'il vous a décidé à rester.

Tous les bons morceaux que vous pouvez dérober dans la journée, serrez-les de côté pour vous régaler le soir en cachette avec vos camarades ; et mettez le butler de la partie, pourvu qu'il vous donne de quoi boire. Écrivez votre nom et celui de votre bonne amie, avec la fumée de la chandelle, au plafond de la cuisine ou de l'office, pour montrer votre savoir.

Si vous êtes un jeune homme de bonne mine, chaque fois que vous parlez bas à votre maîtresse à table, fourrez-lui votre nez dans la joue ; ou si vous avez l'haleine fraîche, soufflez-lui en plein visage ; j'ai vu ceci avoir de très bons résultats dans les familles.

Ne venez jamais que vous n'ayez été appelé trois ou quatre fois, car il n'y a que les chiens qui viennent au premier coup de sifflet ; et quand le maître crie : Qui est là ? aucun domestique n'est tenu d'y aller ; car *qui est là* n'est le nom de personne.

Quand vous avez cassé en bas toutes vos tasses de faïence (ce qui ordinairement est l'affaire d'une semaine), la casserole servira tout aussi bien. On y peut bouillir du lait, chauffer le potage, mettre de la petite bière, ou, en cas de nécessité, remplacer un pot de chambre ; appliquez-la donc indifféremment à tous ces usages ; mais ne la nettoyez ni ne la récurez jamais, de peur d'enlever l'étamage.

Quoiqu'on vous ait affecté des couteaux pour vos repas à l'office, vous ferez bien de les ménager et d'employer ceux de votre maître.

Que ce soit une règle constante que ni chaise, ni escabeau, ni table de l'office ou de la cuisine n'ait plus de trois pieds, ce qui a été l'ancien et invariable usage dans toutes les maisons que j'ai jamais connues, et est fondé, dit-on, sur deux raisons : premièrement, pour montrer que les domestiques sont toujours dans un état branlant ; deuxièmement, il est bon, au point de vue de l'humilité, que les chaises et tables des domestiques aient un pied de moins que celles de leurs maîtres. Je reconnais qu'il a été fait une exception à cette règle en faveur de la cuisinière, à laquelle une vieille coutume accorde une bergère pour y dormir après les dîners ; et cependant je l'ai rarement vue avec plus de trois pieds. Or, cette claudication épidémique des sièges de domestiques est imputée par les philosophes à deux causes qui, on l'a observé, font les plus grandes révolutions dans les États et empires : je veux dire l'amour et la guerre. Un escabeau, une chaise ou une table est la première arme lorsqu'on se bat pour rire ou pour tout de bon ; et après une paix, les chaises, si elles ne sont pas très fortes, sont sujettes à souffrir dans la conduite d'une galante intrigue, la cuisinière étant ordinairement grosse et lourde, et le butler un peu pris de vin.

Je n'ai jamais pu souffrir de voir des servantes assez peu comme il faut pour aller par les rues avec leurs jupons retroussés ; c'est une bête d'excuse d'alléguer que leurs jupons se sont crottés, lorsqu'elles ont le remède si facile de descendre trois ou quatre fois un escalier propre une fois de retour à la maison.

Quand vous vous arrêtez à babiller avec quelque camarade de la rue, laissez la porte de la maison ouverte, afin de pouvoir rentrer sans frapper ; autrement votre maîtresse pourrait savoir que vous êtes sorti, et vous seriez grondé.

Je vous exhorte tous instamment à l'union et à la concorde ; mais ne vous méprenez pas sur ce que je dis : vous pouvez vous quereller entre vous tant que vous voudrez ; seulement ayez toujours présent à l'esprit que vous avez un ennemi commun, qui est votre maître ou maîtresse, et que vous avez une cause commune à défendre. Croyez-en un vieux praticien : quiconque, par malveillance pour un camarade, fait un rapport à son maître, ameutera tout le monde contre lui et sera perdu.

Le rendez-vous général de tous les domestiques, tant en hiver qu'en été, c'est la cuisine ; c'est là que doivent se traiter les grandes affaires de la maison, qu'elles concernent l'écurie, la laiterie, l'office, la buanderie, la cave, la chambre des enfants, la salle à manger, ou la chambre de madame : là, comme dans votre propre élément, vous pouvez rire, et batifoler, et crier, en pleine sécurité.

Lorsqu'un domestique rentre ivre et ne peut pas se montrer, vous devez tous vous entendre pour dire à votre maître qu'il est allé se coucher très malade ; sur quoi votre maîtresse sera assez bonne pour faire donner quelque chose de réconfortant à ce pauvre domestique.

Quand vos maîtres vont ensemble dîner en ville, ou en soirée, vous n'avez pas besoin de rester plus d'un au logis, et même il suffira d'un gamin, si vous en avez un, pour répondre à la porte et prendre soin des enfants, en cas qu'il y en ait. Qui de vous restera doit se décider à la courte-paille, et celui sur qui le sort tombera peut avoir pour consolation la visite d'une bonne amie, sans courir le danger d'être surpris avec elle. Ces occasions-là ne doivent pas se manquer, elles viennent trop rarement ; et rien ne périclite tant qu'il y a un domestique à la maison.

Quand votre maîtresse ou maître rentre, et a besoin d'un domestique qui se trouve être dehors, votre réponse doit être qu'il n'y a qu'une minute qu'il vient de sortir, demandé par un de ses cousins qui se meurt.

Si votre maître vous appelle par votre nom, et qu'il vous arrive de répondre à la quatrième fois, vous n'avez pas besoin de vous presser ; et si l'on vous gronde d'avoir tardé, vous pouvez très légitimement dire que vous n'êtes pas venu plus tôt parce que vous ne saviez pas ce qu'on vous voulait.

Quand vous êtes grondé pour une faute, en sortant de la chambre et en redescendant, murmurez assez haut pour être bien entendu ; cela fera croire que vous êtes innocent.

Quelle que soit la visite qui vienne en l'absence de votre maître ou maîtresse, ne chargez jamais votre mémoire du nom de la personne ; vous avez, ma foi, bien d'autres choses à vous rappeler. D'ailleurs, c'est une besogne de portier, et c'est la faute de votre maître s'il n'en a point. Et qui peut se souvenir des noms ? vous auriez certainement fait quelque méprise, et vous ne savez ni lire, ni écrire.

S'il est possible, ne faites jamais de mensonge à votre maître et maîtresse, à moins d'avoir l'espérance qu'ils ne pourront pas le découvrir avant une demi-heure. Quand un domestique est renvoyé, il faut raconter tous ses méfaits, quoique la plupart ne soient pas connus de son maître ou de sa maîtresse, et tout ce que les autres ont fait de mal doit lui être imputé. Et lorsqu'on vous demandera pourquoi vous n'en avez pas averti, la réponse est : Monsieur, ou Madame, réellement j'avais peur de vous fâcher ; et puis vous auriez peut-être cru que c'était méchanceté de ma part. Lorsqu'il y a des enfants dans une maison, ils sont ordinairement de grands obstacles à ce que les domestiques s'amusent ; le seul remède est de les gagner avec des bonbons, pour qu'ils ne fassent pas de rapports à papa et à maman.

Je conseille à vous autres dont le maître vit à la campagne et qui attendez des profits, de toujours vous mettre sur deux lignes lorsqu'un étranger s'en va, de façon qu'il soit forcé de passer entre vous. Il faudra qu'il ait plus d'assurance ou moins d'argent que d'habitude, si aucun de vous le laisse échapper ; et selon qu'il se conduit, souvenez-vous de le traiter la prochaine fois qu'il vient.

Si l'on vous donne de l'argent pour acheter quelque chose dans une boutique, et que vous ne vous trouviez pas en fonds à ce moment-là, dépensez l'argent pour vous, et prenez la marchandise à crédit. C'est pour l'honneur de votre maison et le vôtre ; car un crédit lui est ouvert, et c'est à votre recommandation.

Quand votre maîtresse vous fait appeler dans sa chambre pour vous donner quelque ordre, ne manquez pas de rester à la porte et de la tenir ouverte, jouant avec la serrure tout le temps qu'elle vous parle, et gardez le bouton dans votre main de peur d'oublier de fermer la porte après vous.

Si votre maître ou maîtresse se trouve une fois dans leur vie vous accuser à tort, vous êtes un heureux domestique ; car vous n'avez plus rien à faire, chaque fois que vous commettrez une faute dans votre service, que de leur rappeler cette fausse accusation et de vous jurer également innocent dans le cas présent.

Quand vous avez envie de quitter votre maître, et si, craignant de l'offenser, vous êtes trop timide pour rompre la glace, le meilleur moyen est de devenir tout d'un coup grossier et impertinent plus qu'à votre ordinaire, jusqu'à ce qu'il juge nécessaire de vous renvoyer ; et quand vous êtes parti, pour vous venger, faites-lui, et à sa femme, auprès de vos camarades qui sont sans place, une réputation telle, qu'aucun ne se hasardera à offrir ses services.

Des dames délicates qui sont sujettes à s'enrhumer, ayant remarqué que les domestiques oublient souvent, en bas, de fermer la porte après eux lorsqu'ils rentrent ou sortent dans la cour de derrière, ont imaginé de faire adapter à la porte une poulie et une corde avec un grand morceau de plomb au bout, de façon qu'elle se ferme d'elle-même, et qu'il faille une certaine force pour l'ouvrir ; ce qui est une énorme peine pour les domestiques, que leur besogne peut obliger d'entrer et de sortir cinquante fois dans une matinée. Mais l'esprit peut beaucoup, car de prudents domestiques ont trouvé un remède efficace contre cet insupportable abus, en attachant la poulie de façon que le poids ne fasse aucun effet ; cependant, pour ma part, je préférerais tenir la porte toujours ouverte en mettant au bas une grosse pierre.

Les chandeliers des domestiques sont généralement cassés, car rien ne peut durer éternellement. Mais vous pouvez trouver bien des expédients ; il est assez commode de mettre votre chandelle dans une bouteille, ou avec un morceau de beurre contre la boiserie, dans une poudrière, ou un vieux soulier, ou un bâton fendu, ou un canon de pistolet, ou dans sa propre graisse sur une table, dans une tasse à café, ou un verre à boire, ou un pot en corne, une théière, une serviette tortillée, un pot à moutarde, un encrier, un os à moelle, un morceau de pâté, ou bien vous pouvez faire un trou dans le pain et la ficher dedans.

Quand vous invitez un soir les domestiques du voisinage à se régaler avec vous à la maison, enseignez-leur une manière particulière de frapper ou de gratter à la fenêtre de la cuisine, que vous puissiez entendre, mais non votre maître ou maîtresse, que vous devez prendre soin de ne pas troubler ou effrayer à des heures indues.

Rejetez toutes les fautes sur un petit chien, ou un chat favori, un singe, un perroquet, un enfant, ou sur le domestique qu'on a renvoyé dernièrement : en suivant cette règle, vous vous excuserez vous-même, vous ne ferez de mal à personne, et vous épargnerez à votre maître ou maîtresse la peine et l'ennui de gronder.

Quand vous manquez des instruments convenables pour l'ouvrage que vous êtes en train de faire, usez de tous les expédients que vous pouvez inventer plutôt que de laisser votre besogne inachevée. Par exemple, si le *poker* n'est pas là sous votre main, ou qu'il soit cassé, remuez le feu avec les pincettes ; si les pincettes n'y sont pas non plus, employez le bout du soufflet, le manche de la pelle à feu, ou du balai, le bout d'une *mop*, ou la canne de votre maître. S'il vous faut du papier pour flamber un poulet, déchirez le premier livre que vous verrez dans la maison. Essuyez vos souliers, à défaut d'un torchon, avec le bas d'un rideau, ou une serviette damassée. Arrachez le galon de votre livrée pour en faire des jarretières. Si le butler a besoin d'un pot de chambre, il peut se servir de la grande tasse d'argent.

Il y a plusieurs manières d'éteindre les chandelles, et vous devez les connaître toutes : vous pouvez promener rapidement le bout de la chandelle contre la boiserie, ce qui l'éteint immédiatement ; vous pouvez la mettre par terre et l'éteindre avec votre pied ; vous pouvez la renverser sens dessus dessous, jusqu'à ce que sa propre graisse l'étouffe, ou l'enfoncer dans la bobèche ; vous pouvez la faire tourner dans votre main jusqu'à ce qu'elle s'éteigne ; quand vous allez au lit, après avoir pissé, vous pouvez tremper le bout de la chandelle dans le pot de chambre ; vous pouvez cracher sur votre index et votre pouce et pincer la mèche. La cuisinière peut la fourrer dans le tonneau à farine, ou le groom dans un boisseau d'avoine, ou une botte de foin, ou dans la litière ; la fille de service peut éteindre la chandelle contre le miroir, que rien ne nettoie si bien que la mouchure de chandelle ; mais la plus prompte et la meilleure de toutes les méthodes est de la souffler, ce qui la laisse nette et plus facile à rallumer.

Il n'est rien de si pernicieux dans une maison qu'un rapporteur. Contre lui votre principale affaire à tous est de vous liguer ; quel que soit son genre de service, saisissez toutes les occasions de gâter ce qu'il fait, et de le traverser en tout. Par exemple, si c'est le butler, cassez ses verres chaque fois qu'il laisse la porte de l'office ouverte, ou enfermez-y le chat ou le gros chien, ce qui fera aussi bien ; égarez une fourchette ou une cuiller, de façon qu'il ne la retrouve jamais. Si c'est la cuisinière, chaque fois qu'elle tourne le dos, jetez dans le pot un morceau de suie, ou une poignée de sel, ou des charbons fumants dans la lèchefrite, ou barbouillez le rôti contre le fond de la cheminée, ou cachez la clef du tournebroche. Si un valet de pied est suspect, que la cuisinière lui barbouille le dos de sa livrée neuve ; ou lorsqu'il monte avec une soupière, qu'elle le suive tout doucement avec une pleine cuiller à pot, et qu'elle la répande goutte à goutte sur l'escalier jusqu'à la salle à manger, et ensuite que la fille de service fasse un tel bruit que sa maîtresse l'entende. La femme de chambre est vraisemblablement celle qui commettra cette faute, dans l'espoir de se faire bien voir : en ce cas la blanchisseuse doit avoir bien soin de lui déchirer ses chemises en les lavant, et cependant ne les laver qu'à moitié ; et, lorsqu'elle se plaint, dire à toute la maison qu'elle sue si fort, et a une peau si huileuse, qu'en une heure elle salit plus une chemise que la fille de cuisine en une semaine.

Chapitre premier

Instructions au butler

Dans mes instructions aux butlers, je vois, d'après ma longue expérience, que vous autres butlers vous êtes les principaux intéressés.

Votre besogne offrant la plus grande variété et exigeant la plus grande exactitude, je vais, autant que je pourrai m'en souvenir, parcourir les diverses branches de votre service, et régler mes conseils en conséquence.

Dans vos fonctions au buffet, prenez tout le soin possible d'économiser votre peine et les verres de votre maître. Ainsi, puisque ceux qui dînent à la même table sont supposés être amis, faites-les boire tous dans le même verre, sans le laver, ce qui vous évitera beaucoup de travail, ainsi que la chance de les casser. Ne donnez à boire à personne qu'il ne l'ait demandé trois fois au moins ; de cette façon, les uns par mauvaise honte, et d'autres par oubli, le demanderont moins souvent, et ce sera autant d'économisé pour votre maître.

Si quelqu'un désire un verre d'ale en bouteille, secouez d'abord la bouteille, pour voir s'il y a quelque chose dedans ; puis goûtez, pour voir ce que c'est, afin de ne pas vous tromper, et enfin, essuyez le goulot avec la paume de votre main, pour montrer votre propreté.

Ayez bien soin d'avoir le bouchon plutôt dans le ventre de la bouteille que dans le goulot ; et si le bouchon est moisi, ou qu'il y ait des fleurs sur votre liquide, votre maître en économisera d'autant plus.

Si un humble personnage, un chapelain, un précepteur, ou un cousin pauvre, se trouve être à table, et vous paraisse obtenir peu d'attention du maître et des autres convives (ce que personne n'est plus prompt à découvrir et à observer que vous autres domestiques), votre devoir, à vous et au valet de pied, est de suivre l'exemple de vos supérieurs, en le traitant de plusieurs degrés plus mal que les autres ; et vous ne sauriez mieux plaire à votre maître, ou du moins à votre maîtresse.

Si quelqu'un demande de la petite bière vers la fin du dîner, ne vous donnez pas la peine de descendre à la cave, mais recueillez ce qui reste dans les divers gobelets, verres et soucoupes. Tournez le dos à la compagnie, toutefois, de peur d'être remarqué. Au contraire, quand quelqu'un demande de l'ale vers la fin du dîner, remplissez-en jusqu'au bord le plus grand pot que vous ayez ; de la sorte il vous en restera la plus grande partie pour obliger vos camarades, sans commettre le péché d'en dérober à votre maître.

Il est un expédient tout aussi honnête, par lequel vous avez la chance d'avoir pour vous chaque jour la meilleure partie d'une bouteille de vin, car vous devez supposer que des gens comme il faut ne se préoccuperont pas du reste de la bouteille ; c'est pourquoi mettez-en toujours une fraîche devant eux, après dîner, quoiqu'ils n'aient pas bu plus d'un verre de l'autre.

Ayez particulièrement soin que vos bouteilles ne soient pas moisies avant de les emplir ; pour ce faire, soufflez avec force dans chaque goulot, et si vous ne sentez que votre haleine, emplissez immédiatement.

Si l'on vous fait descendre en hâte pour tirer n'importe quel liquide, et que vous voyiez qu'il ne coule pas, ne vous donnez pas la peine de faire un trou de fausset, mais soufflez avec force dans la cannelle, et vous verrez immédiatement le liquide vous couler dans la bouche, ou bien retirez le fausset. Mais ne perdez pas votre temps à le remettre, de peur que votre maître n'ait besoin de vous.

Si vous êtes curieux de goûter quelques-unes des bouteilles de choix de votre maître, videz en au-dessous du goulot autant qu'il en faudra pour faire la quantité dont vous avez besoin ; mais alors ayez soin de les remplir d'eau propre, afin que votre maître n'ait pas moins de liquide.

Il y a une excellente invention, trouvée depuis peu d'années, pour le maniement de l'ale et de la petite bière au buffet : par exemple, un convive demande un verre d'ale et n'en boit que la moitié ; un autre demande de la petite bière : vous versez immédiatement le reste de l'ale dans le pot, et remplissez le verre de petite bière ; et ainsi de l'un à l'autre tant que le dîner dure, et par là vous atteignez trois buts : premièrement, vous vous épargnez la peine de laver, et conséquemment le danger de casser vos verres ; secondement, vous êtes sûr de ne pas vous tromper en donnant la boisson qu'on demande ; et enfin, par cette méthode, vous êtes certain que rien n'est perdu.

Comme les butlers sont sujets à oublier de monter à temps leur ale et leur bière, rappelez-vous bien d'avoir les vôtres en haut, deux heures avant le dîner ; et mettez-les au soleil dans la chambre, pour faire voir que vous n'avez pas été négligent.

Quelques butlers ont une manière de décanter (comme ils l'appellent) l'ale en bouteille, qui leur fait perdre une bonne partie du fond. Que votre méthode soit de tourner la bouteille sens dessus dessous, ce qui doublera la quantité en apparence : par ce moyen, vous serez sûr de ne pas perdre une seule goutte, et la mousse empêchera de voir que l'ale est trouble.

Nettoyez votre argenterie, essuyez vos couteaux, et frottez les tables sales avec les serviettes et les nappes qui ont servi ce jour-là ; car ce n'est toujours qu'un blanchissage, et, en outre, cela épargne vos torchons, et en récompense d'une si judicieuse économie, mon avis est que vous pouvez légitimement employer les plus belles serviettes damassées comme bonnet de nuit.

Quand vous nettoyez votre argenterie, laissez voir du blanc dans toutes les rainures, de peur que votre maîtresse ne croie pas que vous l'ayez nettoyée.

Il n'est rien où l'habileté d'un butler se montre mieux que dans le maniement des chandelles, qui, bien que les autres domestiques puissent y entrer pour leur part, vous concerne principalement. C'est à vous seul que j'adresserai mes instructions sur cet article, laissant à vos camarades le soin de s'y conformer dans l'occasion.

D'abord, pour éviter de brûler le jour et épargner les chandelles de votre maître, ne les montez jamais qu'une demi-heure après qu'il fait nuit, quel que soit le nombre de fois qu'on les ait demandées.

Que vos bobèches soient pleines de suif jusqu'au bord, avec l'ancienne mouchure en haut, et alors mettez par-dessus vos chandelles neuves. Il est vrai que cela les expose à tomber, mais elles en paraîtront d'autant plus longues et plus belles au salon. D'autres fois, pour varier, laissez-les ballotter dans les bobèches, pour montrer que celles-ci sont propres jusqu'au fond.

Quand votre chandelle est trop grosse pour la bobèche, faites-la fondre, devant le feu, à la dimension convenable ; et pour cacher la fumée, enveloppez de papier à la moitié.

Vous n'êtes pas sans avoir observé, dans ces dernières années, l'extravagance de la gentry en fait de chandelles, et un bon butler doit la décourager par tous les moyens : cela, vous pouvez le faire de plusieurs manières, quand vous avez reçu l'ordre de mettre des chandelles dans les candélabres.

Les candélabres sont de grands gaspilleurs de chandelles, et vous, qui devez toujours considérer l'avantage de votre maître, il faut faire votre possible pour les décourager : c'est pourquoi votre devoir est de forcer des deux mains la chandelle dans la bobèche, et de la faire pencher de telle sorte que le suif tombe tout sur le plancher, si la coiffure de quelque dame ou la perruque de quelque homme n'est là pour l'intercepter : vous pouvez également laisser la chandelle si lâche qu'elle tombe sur le verre et le mette en pièces ; cela sauvera à votre maître plus d'un sol dans l'année, tant en chandelles qu'en verres, et à vous-même beaucoup de peine ; car les candélabres détériorés ne peuvent plus servir.

Ne laissez jamais brûler les chandelles trop bas, mais donnez-les comme profit légitime à votre amie la cuisinière, pour augmenter ce qu'elle retire de la cuisine ; ou, si cela n'est pas souffert dans votre maison, faites-en la charité aux pauvres voisins qui font souvent vos commissions.

Quand vous faites griller du pain, ne perdez pas votre temps à le surveiller, mais posez-le sur le charbon, et vaquez à vos autres affaires : puis revenez, et si vous le trouvez grillé de part en part, grattez le côté brûlé, et servez.

Quand vous dressez le buffet, mettez les plus beaux verres aussi près du bord que possible ; par suite de quoi ils jetteront un double lustre, et feront plus belle figure ; et tout ce qu'il en peut résulter au plus c'est qu'il s'en casse une demi-douzaine, ce qui est une bagatelle pour la poche de votre maître.

Lavez les verres avec votre eau, pour épargner le sel de votre maître.

Quand il a été répandu du sel sur la table, ne le laissez pas perdre, mais le dîner fini, pliez la nappe, avec le sel dedans, puis secouez-en le sel dans la salière pour vous en servir le lendemain ; mais le plus court et le plus sûr est, quand vous enlevez la nappe, d'y envelopper les couteaux, fourchettes, cuillers, salières, croûtes de pain et débris de viande ; comme cela vous serez certain de ne rien perdre, à moins que vous ne préfériez secouer le tout par la fenêtre, afin que les mendiants puissent manger plus commodément les restes.

Laissez le dépôt du vin, de l'ale, et autres boissons dans les bouteilles : les rincer n'est qu'une perte de temps, puisque tout cela se fera à la fois dans un lavage général ; et vous aurez une meilleure excuse pour les casser.

Si votre maître a beaucoup de bouteilles moisies, ou très sales, ou encrassées, je vous conseille, comme un cas de conscience, que ce soient les premières que vous troquiez au cabaret voisin contre de l'ale ou de l'eau-de-vie.

Quand on envoie un message à votre maître, soyez aimable pour le camarade qui l'apporte ; faites-lui boire du meilleur que vous ayez en garde, pour l'honneur de votre maître ; et, à la première occasion, il vous rendra la pareille.

Après souper, s'il fait nuit, emportez votre argenterie et votre porcelaine dans le même panier pour épargner la chandelle, car vous connaissez assez bien votre office pour les ranger dans l'obscurité.

Quand on attend du monde à dîner ou en soirée, soyez sûr d'être dehors, afin qu'on ne puisse rien avoir de ce que vous avez sous clef ; par là votre maître épargnera sa cave, et n'usera pas son argenterie.

J'arrive ici à une partie très importante de votre service : la mise en bouteille d'une pièce de vin, où je recommande trois vertus, propreté, frugalité et fraternité. Que vos bouchons soient le plus longs possible, ce qui épargnera du vin dans chaque goulot : quant à vos bouteilles, choisissez les plus petites que vous pourrez trouver, ce qui augmentera le nombre des douzaines, et fera plaisir à votre maître ; car une bouteille de vin est toujours une bouteille de vin, qu'elle tienne plus ou moins ; et si votre maître a son nombre voulu de douzaines, il ne peut pas se plaindre.

Chaque bouteille doit d'abord être rincée avec du vin, de peur qu'on n'ait laissé de la moisissure en la lavant. Quelques personnes, par une économie mal entendue, rinceront une douzaine de bouteilles avec le même vin ; mais je vous conseillerais, pour plus de sûreté, de changer le vin toutes les deux bouteilles ; un demi-verre peut suffire. Ayez des bouteilles toutes prêtes pour le mettre de côté ; et ce sera un bon profit, soit pour le vendre, soit pour le boire avec la cuisinière.

Ne videz pas trop votre pièce, et ne la penchez pas, de peur de troubler le vin. Quand il commence à couler lentement, et avant qu'il devienne trouble, secouez-la et portez-en un verre à votre maître, qui vous louera de votre prudence et vous donnera tout le reste comme un profit de votre place : vous pouvez pencher la pièce le lendemain, et dans une quinzaine de jours tirer une ou deux douzaines de bouteilles de bon vin clair pour en disposer comme il vous plaira.

En mettant le vin en bouteille, remplissez votre bouche de bouchons, en compagnie d'une grosse chique, qui donnera au vin le vrai goût de la plante, si délicieuse à boire pour tous les connaisseurs.

Avez-vous ordre de décanter une bouteille suspecte ? quand vous êtes à moitié, donnez à votre main une adroite secousse, et montrez dans un verre que le contenu commence à être trouble.

Quand une pièce de vin ou de tout autre liquide doit être mise en bouteille, lavez vos bouteilles immédiatement avant de commencer ; mais ayez soin de ne pas les sécher : par cette heureuse combinaison, vous économiserez à votre maître plusieurs gallons par pièce.

C'est alors que, pour faire honneur à votre maître, vous devez faire acte de bienveillance envers vos camarades, et spécialement la cuisinière ; car que signifient quelques bouteilles sur une pièce entière ? Mais faites-les boire en votre présence, de peur qu'elles ne soient données à d'autres, et que votre maître ne soit lésé. Mais conseillez-leur, s'ils se grisent, de se mettre au lit, et de faire dire qu'ils sont malades : cette dernière précaution, je la recommande à tous les domestiques, tant mâles que femelles.

Si votre maître trouve que sa pièce n'a pas donné tout ce qu'il attendait, quoi de plus simple que de dire : le tonneau fuyait ; le marchand de vin ne l'avait pas rempli en temps convenable ; le marchand de futailles lui en avait vendu une qui n'était pas de mesure.

Quand il vous faut de l'eau pour le thé après dîner (ce qui, dans bien des maisons, fait partie de votre besogne), pour épargner le combustible et aller plus vite, remplissez la bouilloire avec celle du chaudron dans lequel le chou ou le poisson a bouilli, ce qui la rendra beaucoup plus saine, en corrigeant l'acide et la qualité corrosive du thé.

Soyez économes de vos chandelles, et laissez celles des candélabres, du vestibule, de l'escalier et de la lanterne, brûler dans les bobèches jusqu'à ce qu'elles s'éteignent d'elles-mêmes. Votre maître et votre maîtresse loueront votre économie, dès qu'ils en sentiront l'odeur.

Si un convive laisse une tabatière ou un étui à cure-dents sur la table après dîner, une fois sorti, regardez la chose comme une partie de vos profits, car cela est admis par tous les domestiques, et vous ne faites pas de tort à votre maître ou maîtresse.

Si vous servez un campagnard, quand il vient dîner chez vous des messieurs et des dames, ne manquez pas de griser leurs domestiques, et surtout le cocher, pour l'honneur de votre maître, que vous devez particulièrement avoir en vue dans toutes vos actions, comme en étant le meilleur juge ; car l'honneur de chaque famille repose aux mains de la cuisinière, du butler et du groom, comme je le démontrerai ci-après.

À souper, mouchez les chandelles sur la table ; c'est la méthode la plus sûre, parce que si la mouchure s'échappe des mouchettes, vous avez la chance qu'elle tombe dans une soupière, un chaudeau, un riz au lait, etc., où elle s'éteindra immédiatement avec très peu d'odeur.

Quand vous avez mouché la chandelle, laissez toujours les mouchettes ouvertes, car la mouchure se réduira d'elle-même en cendres, et ne pourra pas tomber et salir la table quand vous remoucherez les chandelles.

Pour bien unir le sel dans la salière, pressez-le avec votre paume humide.

Quand un convive de votre maître se retire, ayez bien soin de vous tenir en vue et de le suivre jusqu'à la porte, et, quand vous en avez l'occasion, regardez-le en plein visage, cela peut vous valoir un shilling ; mais si ce monsieur a passé la nuit chez vous, dites à la cuisinière, à la fille de service, au palefrenier, à la laveuse de vaisselle, et au jardinier de vous accompagner et de se tenir sur son passage, dans le vestibule, sur deux rangs de chaque côté de lui : s'il se conduit bien, cela lui fera honneur, et ne coûtera rien à votre maître.

Vous n'avez pas besoin d'essuyer votre couteau pour couper le pain de la table, parce que en en coupant une tranche ou deux il s'essuiera de lui-même.

Fourrez votre doigt dans chaque bouteille pour tâter si elle est pleine ; c'est le moyen le plus sûr, car le toucher n'a pas son égal.

Quand vous descendez à la cave pour tirer de l'ale ou de la petite bière, prenez soin de suivre exactement la méthode suivante : tenez le vase entre l'index et le pouce de votre main droite, la paume en dessus ; puis tenez la chandelle entre vos doigts, mais un peu penchée vers l'ouverture du vase ; alors ôtez le fausset de la main gauche, et mettez-en la pointe dans votre bouche, et gardez votre main gauche pour veiller aux accidents ; quand le vase est plein, ôtez le fausset de votre bouche, bien aiguisé par la salive, qui étant d'une consistance visqueuse, le fera tenir plus solidement dans le trou : s'il tombe du suif dans le vase, vous pouvez aisément (si vous y pensez) l'enlever avec une cuiller.

Enfermez toujours un chat dans le cabinet où vous gardez votre porcelaine, de peur que les souris ne se glissent dedans et ne la cassent.

Un bon butler brise toujours la pointe de son tire-bouchon au bout de deux jours, en essayant ce qui est le plus dur de la pointe du tire-bouchon ou du goulot de la bouteille : en ce cas, à défaut de tire-bouchon, après que ce qui en reste a mis le bouchon en pièces, servez-vous d'une fourchette d'argent, et quand les débris du bouchon sont presque retirés, promenez très vite le goulot trois ou quatre fois dans la fontaine, jusqu'à ce qu'il soit tout à fait dégagé.

Si un gentleman dîne souvent avec votre maître, et ne vous donne rien en s'en allant, vous pouvez employer plusieurs méthodes pour lui témoigner quelque chose de votre mécontentement et lui rafraîchir la mémoire : s'il demande du pain ou à boire, vous pouvez faire semblant de ne pas entendre, ou en envoyer à un autre qui en a demandé après lui ; s'il demande du vin, faites-le attendre un peu, puis envoyez-lui de la petite bière ; donnez-lui toujours des verres sales ; envoyez-lui une cuiller quand il veut un couteau ; faites signe au valet de pied de le laisser sans assiette : par ces expédients et autres de ce genre, vous pouvez probablement être plus riche d'une demi-couronne avant qu'il quitte la maison, pourvu que vous guettiez l'occasion de vous trouver là lorsqu'il sort.

Si votre maîtresse aime le jeu, votre fortune est assurée ; un jeu modéré sera pour vous un profit de dix shillings par semaine, et dans une pareille maison j'aimerais mieux être butler que chapelain, ou même qu'intendant ; c'est tout argent comptant, et gagné sans travail, à moins que votre maîtresse ne se trouve être une de ces femmes qui vous oblige, soit à fournir des bougies, soit à partager avec quelques domestiques favoris ; mais, au pis aller, les vieilles cartes vous reviennent, et si les joueurs jouent gros ou prennent de l'humeur, ils changeront si souvent de cartes que les vieilles seront un avantage considérable, en les vendant aux cafés, ou aux familles qui aiment le jeu, mais qui n'ont le moyen que d'avoir des cartes de seconde main. Quand vous êtes de service, ne manquez pas de laisser des jeux neufs à la portée des joueurs ; ceux qui perdent ne seront pas longs à les prendre pour changer leur fortune, et de temps en temps un vieux jeu mêlé au reste passera facilement. Faites attention d'être très officieux les soirs où l'on joue, et tout prêt avec vos chandelles à éclairer ceux qui sortent, et ayez des plateaux de vin sous la main pour leur donner quand ils en demandent ; mais entendez-vous avec la cuisinière pour qu'il n'y ait pas de souper, parce que ce sera autant d'épargné dans le ménage de votre maître, et parce qu'un souper diminuerait considérablement vos profits.

Après les cartes, il n'y a rien de si avantageux que les bouteilles ; et dans ce genre de profits, vous n'avez pas d'autres compétiteurs que les valets de pied, qui sont sujets à les dérober et à les vendre pour des pots de bière ; mais vous êtes tenu de prévenir de tels abus chez votre maître : les valets de pied ne sont pas responsables de la casse lors de la mise en bouteilles, et elle peut être aussi considérable que vous jugerez dans votre sagesse.

Le profit des verres est si peu de chose, que ce n'est guère la peine d'en parler ; il ne consiste qu'en un petit cadeau fait par le marchand, et environ quatre shillings par livre ajoutés au prix, pour votre peine et votre habileté à les choisir. Si votre maître en a une grande provision, et qu'à vous ou à vos camarades il arrive d'en casser quelques-uns à son insu, gardez le secret jusqu'à ce qu'il n'en reste pas assez pour le service de la table ; alors dites à votre maître qu'ils n'existent plus : ce ne sera qu'une vexation pour lui, ce qui vaut beaucoup mieux que de s'impatienter une ou deux fois par semaine : c'est le devoir d'un bon serviteur de troubler aussi rarement qu'il peut le repos de son maître et de sa maîtresse ; et ici le chat et le chien seront d'un grand secours pour vous décharger du blâme. Notez que, des bouteilles qui manquent, une moitié a été volée par les gens qui vont et viennent et les autres domestiques ; et l'autre, cassée par accident, et lors du lavage général.

Repassez le dos de vos couteaux jusqu'à ce qu'il coupe autant que le tranchant ; ce qui aura cet avantage que lorsque les convives les trouveront émoussés d'un côté, ils pourront essayer de l'autre ; et pour montrer que vous n'épargnez pas votre peine en aiguisant les couteaux, repassez-les si longtemps que vous usiez une bonne partie du fer, et même la garde du manche d'argent. Cela fait honneur à votre maître, car cela prouve un ménage bien tenu, et l'orfèvre peut quelque jour vous faire un cadeau.

Votre maîtresse, si elle trouve la petite bière ou l'ale plate, vous blâmera de ne pas vous être souvenu de mettre le fausset dans son trou. C'est une grande erreur, car il est parfaitement clair que le fausset retient l'air dans le fût, ce qui gâte le liquide, et que par conséquent il doit être ôté ; mais si elle insiste, pour éviter la peine de retirer le fausset et de le remettre une douzaine de fois par jour, ce qui n'est pas supportable pour un bon domestique, laissez la cannelle à moitié ouverte la nuit, et vous verrez qu'en perdant deux ou trois quartes de liquide, le reste coulera librement.

Quand vous apprêtez vos chandelles, enveloppez-les de papier blanc et enfoncez-les ainsi dans la bobèche ;

que le papier monte à la moitié de la chandelle ; cela a bonne mine, s'il entre quelqu'un.

Faites tout dans l'obscurité, pour épargner les chandelles de votre maître.

Chapitre II

INSTRUCTIONS À LA CUISINIÈRE

QUOIQUE JE N'IGNORE POINT qu'il y a longtemps que la coutume s'est établie, parmi les gens de qualité, d'avoir des cuisiniers, et généralement des cuisiniers français, cependant comme mon traité est particulièrement destiné à la classe des chevaliers, squires et gentlemen, tant de la ville que de la campagne, c'est à vous que je m'adresserai, Madame la cuisinière. Toutefois, une grande partie de ce que j'ai en vue peut servir aux deux sexes, et vous avez naturellement ici la seconde place, parce que le butler et vous êtes unis d'intérêts ; vos profits sont en général égaux, et vous les avez quand les autres sont désappointés : vous pouvez vous régaler ensemble les nuits sur vos provisions, quand le reste de la maison est au lit, et vous avez le moyen de vous faire des amis de tous vos camarades ; vous pouvez donner quelque chose de bon à manger ou à boire aux petits messieurs et aux petites demoiselles, et gagner ainsi leur affection : une querelle entre vous est très dangereuse pour tous deux, et finirait probablement par le renvoi de l'un de vous ; auquel funeste cas, il ne serait peut-être pas si facile de s'accorder avec un autre. Et maintenant, Madame la cuisinière, je procède à mes instructions, que je vous invite à vous faire lire régulièrement par quelqu'un de vos camarades, une fois par semaine, avant d'aller au lit, que vous serviez à la ville ou à la campagne, car mes leçons s'appliqueront à toutes deux.

Si votre maîtresse oublie à souper qu'il y a de la viande froide à la maison, ne soyez pas assez officieuse pour le lui rappeler ; il est clair qu'elle n'en a pas besoin, et si elle s'en souvient le lendemain, dites-lui qu'elle ne vous a pas donné d'ordres et qu'il n'y en a plus ; c'est pourquoi, de peur de mensonge, disposez-en avec le butler, ou tout autre camarade, avant de vous coucher.

Ne servez jamais à souper une cuisse de poulet, tant qu'il y a dans la maison un chat ou chien qui puisse être accusé de l'avoir emportée ; mais s'il n'y en a pas, vous devez la mettre sur le compte des rats, ou d'un lévrier étranger.

C'est mal entendre l'économie domestique que de salir vos torchons de cuisine à nettoyer le dessous des plats que vous faites servir, puisque la nappe fera aussi bien et se change à chaque repas.

Ne nettoyez jamais vos broches après qu'elles ont servi, car la graisse qu'y laisse la viande est la meilleure chose pour les préserver de la rouille, et quand vous en referez usage, cette même graisse humectera l'intérieur de la viande.

Si vous servez dans une maison riche, rôtir et bouillir sont choses au-dessous de votre dignité, et qu'il convient que vous ignoriez ; laissez donc cette besogne entièrement à la fille de cuisine, de peur de déshonorer la maison où vous servez.

Si vous faites le marché, achetez votre viande le moins cher que vous pourrez ; mais dans vos comptes, ménagez l'honneur de votre maître, et marquez le prix le plus élevé ; ce n'est d'ailleurs que justice, car personne ne saurait vendre au même prix qu'il achète, et je suis convaincu que vous pouvez surfaire en toute sûreté ; jurez que vous n'avez pas donné plus que le boucher et le marchand de volaille n'ont demandé. Si votre maîtresse vous ordonne de servir à souper un morceau de viande, vous ne devez pas entendre par là qu'il faut le servir tout entier ; vous pouvez donc en garder la moitié pour vous et le butler.

Les bonnes cuisinières ne peuvent souffrir cette besogne qu'elles appellent justement vétilleuse, celle qui prend beaucoup de temps pour peu de résultats ; comme, par exemple, de faire rôtir des petits oiseaux, qui demandent énormément de soins, et une seconde et une troisième broche, ce qui, soit dit en passant, est absolument inutile ; car il serait vraiment bien ridicule qu'une broche, qui est assez forte pour tourner un aloyau, ne fût pas capable de tourner une mauviette ; cependant, si votre maîtresse est délicate et qu'elle craigne qu'une grosse broche ne les mette en pièces, placez-les gentiment dans la lèchefrite, où la graisse du rôti de mouton ou de bœuf tombant sur les oiseaux servira à les arroser, et de la sorte économisera le temps et le beurre ; car quelle cuisinière, ayant un peu de cœur, voudrait perdre son temps à plumer des mauviettes, des motteux et autres petits oiseaux ? Si donc vous ne pouvez vous faire aider par les servantes ou par les jeunes demoiselles, allez au plus court, flambez-les ou écorchez-les ; la peau n'est pas une grande perte, et la chair est toujours la même.

Si vous êtes chargée du marché, ne vous laissez pas régaler par le boucher d'un beefsteak ou d'un pot d'ale, ce qui, en conscience, ne vaut pas mieux que de faire tort à votre maître ; mais prenez toujours ce profit en argent, si vous n'achetez pas à crédit ; ou à tant pour cent, quand vous payez les mémoires.

Le soufflet de la cuisine étant ordinairement hors de service à force de remuer le feu pour épargner les pincettes et le poker, empruntez le soufflet de la chambre de votre maîtresse, qui étant le moins employé, est généralement le meilleur de la maison, et s'il vous arrive de l'endommager ou de le graisser, vous avez la chance qu'on le laisse tout à fait à votre disposition.

Ayez toujours un petit gamin aux alentours pour faire vos commissions et aller pour vous au marché les jours de pluie, ce qui épargnera vos habits, et vous fera plus d'honneur aux yeux de votre maîtresse.

Si votre maîtresse vous laisse les graisses, en retour de sa générosité prenez soin de bouillir et rôtir suffisamment votre viande. Si elle les garde pour elle, que justice lui soit faite, et plutôt que de ne pas avoir un bon feu, égayez-le de temps en temps avec la graisse du rôti et le beurre qui vient à tourner en huile.

Servez votre viande bien lardée de brochettes, pour la faire paraître ronde et dodue ; et une brochette de fer, bien employée de temps à autre, lui donnera encore meilleure mine.

Quand vous rôtirez un long morceau de viande, n'en soignez que le milieu, et laissez les deux bouts crus, ce qui servira une autre fois, et aussi économisera le feu.

Quand vous nettoyez vos assiettes et vos plats, tordez-en le bord en dedans, ils en contiendront davantage.

Entretenez toujours un grand feu dans la cuisine quand il y a un petit dîner, ou que la famille dîne dehors, afin que les voisins, voyant la fumée, fassent l'éloge de la manière dont la maison est tenue ; mais lorsqu'il y a beaucoup d'invités, alors épargnez, autant que possible, votre charbon, parce qu'une grande partie de la viande étant crue restera pour le lendemain.

Faites constamment bouillir votre viande dans de l'eau de pompe, parce que nécessairement vous manquerez quelquefois d'eau de rivière ou de source, et alors votre maîtresse, voyant votre viande d'une couleur différente, vous grondera quand vous n'êtes pas en faute.

Quand vous avez beaucoup de poulets dans le garde-manger, laissez-en la porte ouverte, par pitié pour le pauvre chat, s'il attrape bien les souris.

Si vous jugez nécessaire d'aller au marché un jour de pluie, prenez le manteau à capuchon de votre maîtresse, pour épargner vos habits.

Ayez constamment à vos ordres, dans la cuisine, trois ou quatre femmes de journée, que vous paierez à peu de frais, simplement avec les restes de viande, un peu de charbon et toutes les cendres.

Pour écarter de la cuisine les domestiques qui vous ennuient, laissez toujours la manivelle sur le tourne-broche afin qu'elle leur tombe sur la tête.

Si un morceau de suie tombe dans la soupe, et qu'il ne soit pas commode de l'en retirer, mêlez-la bien ; cela lui donnera un haut goût français.

Si votre beurre tourne en huile, ne vous en tourmentez pas et servez : l'huile est une sauce plus distinguée que le beurre.

Grattez le fond de vos marmites et de vos chaudrons avec une cuiller d'argent, de peur de leur donner un goût de cuivre.

Quand vous servez du beurre comme sauce, ayez l'économie d'y mettre moitié eau, ce qui est aussi beaucoup plus sain.

Si votre beurre, lorsqu'il est fondu, sent le cuivre, c'est la faute de votre maître, qui ne veut pas vous donner une casserole d'argent : d'ailleurs, votre beurre en durera plus longtemps, et l'étamage est très coûteux ; si vous avez une casserole d'argent, et que le beurre sente la fumée, rejetez la faute sur le charbon.

Ne vous servez jamais d'une cuiller pour ce que vous pouvez faire avec vos mains, de peur d'user l'argenterie de votre maître.

Quand vous voyez que vous ne pouvez avoir le dîner prêt pour l'heure fixée, retardez la pendule, et alors il peut être prêt à la minute.

Qu'un charbon rouge tombe de temps en temps dans la lèchefrite, afin que la fumée du jus monte et donne un haut goût au rôti.

Vous devez regarder la cuisine comme votre cabinet de toilette ; mais il ne faut pas laver vos mains avant d'avoir été aux lieux d'aisance, d'avoir embroché votre viande, troussé votre poulet, épluché votre salade, pas avant d'avoir envoyé votre second service ; car vos mains seront salies dix fois plus par toutes les choses que vous êtes forcée de manier ; mais quand votre ouvrage est fini un seul lavage servira pour tous.

Il est une seule partie de votre toilette que j'admettrais tandis que vous surveillez vos bouillis, vos rôtis et vos ragoûts ; c'est de peigner votre tête, ce qui ne vous fait pas perdre de temps, car vous pouvez faire votre dîner d'une main, tandis que vous vous peignez de l'autre.

Si l'on trouve des cheveux dans le manger, vous pouvez, en toute sûreté, jeter la faute sur quelque valet de pied, qui vous aura vexée, attendu que ces messieurs sont sujets parfois à malice, si vous refusez de leur tremper un morceau de pain dans la casserole, ou une tranche de rôti ; bien plus encore lorsque vous déchargez sur leurs jambes une pleine cuiller de soupe bouillante, ou que vous les envoyez à leurs maîtres avec un torchon au derrière.

Quand vous avez à rôtir et à bouillir, dites à la fille de cuisine de n'apporter que de gros charbons de terre, et de garder les petits pour les feux d'en haut ; les premiers sont les plus convenables pour cuire la viande, et lorsqu'il n'y en a plus, s'il vous arrive de manquer un plat, vous pouvez légitimement jeter la faute sur le manque de charbons. D'ailleurs, les ramasseuses de cendres ne manqueront pas de mal parler du ménage de votre maître, si elles ne trouvent pas beaucoup de grosses escarbilles, mêlées avec de gros charbons frais ; de la sorte vous pouvez cuisiner à votre honneur, faire un acte de charité, augmenter la considération de votre maître, et parfois avoir votre part d'un pot d'ale pour votre générosité envers la femme aux cendres.

Dès que vous avez envoyé le second service, vous n'avez rien à faire (dans une grande maison) jusqu'au souper, c'est pourquoi lavez vos mains et votre figure, mettez votre mante à capuchon, et prenez votre plaisir parmi vos camarades, jusqu'à neuf ou dix heures du soir. – Mais dînez d'abord.

Qu'il y ait toujours une étroite amitié entre vous et le butler, car il est de votre intérêt à tous deux d'être unis ; le butler a souvent besoin d'un bon petit morceau friand, et vous avez beaucoup plus souvent besoin d'un bon verre de vin frais. Cependant, méfiez-vous de lui, car il est parfois inconstant dans ses amours, ayant le grand avantage d'allécher les servantes avec un verre de vin d'Espagne, ou de vin blanc sucré.

Quand vous faites rôtir une poitrine de veau, souvenez-vous que votre bon ami le butler aime le ris de veau, mettez-le donc de côté pour le soir ; vous pouvez dire que le chat ou le chien l'a emporté, ou que vous l'avez trouvé gâté ou piqué des mouches ; et puis à table le rôti n'en a pas plus mauvaise mine.

Quand vous faites attendre longtemps le dîner, et que la viande est trop cuite, ce qui est généralement le cas, vous êtes en droit de jeter la faute sur votre maîtresse, qui vous a si fort pressée de servir que vous avez été obligée d'envoyer tout trop bouilli et trop rôti.

Si presque tous vos plats sont manqués, comment pouviez-vous l'empêcher ? Vous étiez tracassée par les valets qui venaient dans la cuisine, et pour prouver votre dire, saisissez une occasion de vous fâcher, et lancez une cuillerée de bouillon sur une ou deux de leurs livrées ; d'ailleurs, le vendredi et la fête des Saints-Innocents sont deux jours malheureux, et il est impossible d'y être chanceuse : ainsi vous avez, ces jours-là, une excuse légitime.

Quand vous êtes pressée d'atteindre vos plats, poussez-les de telle sorte qu'il en tombe une douzaine sur le dressoir, juste à votre main.

Pour épargner le temps et la peine, coupez vos pommes et vos oignons avec le même couteau ; les gens bien élevés aiment le goût de l'oignon dans tout ce qu'ils mangent.

Faites avec votre main un monceau de trois ou quatre livres de beurre, puis plaquez-le contre le mur juste au-dessus du dressoir, de façon à pouvoir y puiser quand l'occasion s'en présentera.

Si vous avez une casserole d'argent pour l'usage de la cuisine, je vous conseille de la bien bossuer, et de la tenir toujours noire ; cela fera honneur à votre maître, car cela montre qu'il a tenu constamment bonne maison ; et faites place à votre casserole en la frottant ferme sur le charbon, etc.

De même, si l'on vous a donné une grande cuiller d'argent pour la cuisine, que le cuilleron en soit tout usé à force de gratter et remuer, et répétez souvent avec gaieté : Voilà une cuiller qui n'est pas en reste avec Monsieur.

Quand vous servez le matin à votre maître un bouillon, du gruau, ou autre chose de ce genre, n'oubliez pas de mettre avec votre pouce et vos doigts du sel sur le bord de l'assiette ; car si vous employez une cuiller ou le bout d'un couteau, il peut y avoir danger que le sel tombe, et cela serait signe de malheur ; rappelez-vous seulement de lécher votre pouce et vos doigts, pour qu'ils soient bien propres avant de toucher au sel.

Chapitre III

Instructions au laquais

VOTRE SERVICE, étant d'une nature mixte, s'étend à beaucoup de choses, et vous êtes en bonne passe de devenir le favori de votre maître ou maîtresse, ou des petits messieurs et des petites demoiselles ; vous êtes le joli cœur de la maison, dont toutes les servantes sont éprises. Tantôt votre maître vous prend pour modèle dans sa toilette, et tantôt c'est vous qui le prenez. Vous servez à table, et conséquemment vous avez l'occasion de voir et de connaître le monde, et d'être au fait des hommes et des manières. J'avoue que vos profits sont minimes, à moins qu'on ne vous envoie porter un présent, ou que vous ne serviez le thé à la campagne ; mais on vous donne du Monsieur dans le voisinage, et parfois vous accrochez une fortune, peut-être la fille de votre maître ; et j'ai vu plusieurs de votre tribu avoir de bons commandements dans l'armée. En ville, vous avez un siège réservé à la comédie, où vous avez l'occasion de devenir bel esprit et critique ; vous n'avez aucun ennemi déclaré, excepté la populace, et la femme de chambre de Madame, qui sont portées à vous traiter de saute-ruisseau. J'ai une véritable vénération pour votre office, parce que j'eus jadis l'honneur de faire partie de votre corps que je quittai sottement pour m'avilir en acceptant un emploi dans la douane. Mais afin que vous, mes frères, vous puissiez mieux faire votre chemin, je vais vous donner mes instructions qui sont le fruit de beaucoup de réflexions et d'observations, ainsi que de sept années d'expérience.

Afin d'apprendre les secrets des autres maisons, racontez ceux de la vôtre ; vous deviendrez ainsi un favori au-dedans et au-dehors, et serez regardé comme une personne d'importance.

Ne soyez jamais vu dans la rue avec un panier ou un paquet à la main, et ne portez rien que ce que vous pouvez cacher dans votre poche ; autrement vous déshonorerez votre profession. Pour empêcher cela, ayez toujours un gamin pour porter vos paquets ; et si vous n'avez pas un liard, payez-le avec une bonne tranche de pain, ou un morceau de viande.

Qu'un petit décrotteur nettoie d'abord vos souliers, de peur que vous ne salissiez la chambre, ensuite qu'il nettoie ceux de votre maître ; prenez-le à votre service exprès pour cela, et pour faire les commissions ; vous le paierez en rogatons. Quand vous êtes envoyé en commission, ne manquez pas d'en profiter pour votre compte, comme de voir votre bonne amie ou de boire un pot d'ale avec quelques camarades ; c'est toujours ce temps-là de gagné.

Les avis sont très partagés sur la manière la plus commode et la plus distinguée de tenir votre assiette pendant le repas ; les uns l'enfoncent entre le siège et le bois de la chaise, ce qui est un excellent expédient lorsque la structure de la chaise le permet ; les autres, de peur que l'assiette ne tombe, la serrent si fort que leur pouce va jusqu'au milieu du creux, ce qui, toutefois, si votre pouce est sec, n'est pas une méthode sûre ; je vous conseille donc, en ce cas-là, de le mouiller avec votre langue : quant à cette absurde pratique de poser le dessous de l'assiette sur le creux de votre main, elle est tout à fait condamnée, étant sujette à trop d'accidents. D'autres encore raffinent au point de tenir leur assiette sous l'aisselle gauche, ce qui est le meilleur endroit pour qu'elle soit chaude ; mais qui peut être dangereux lorsqu'il s'agit d'emporter un plat, car votre assiette peut tomber sur la tête de quelque convive. Je confesse avoir moi-même désapprouvé tous ces moyens, que j'ai fréquemment essayés ; c'est pourquoi j'en recommande un quatrième, qui est de fourrer votre assiette jusqu'au bord inclusivement, du côté gauche, entre votre veste et votre chemise ; cela la tiendra pour le moins aussi chaude que sous votre aisselle, ou *ockster*, comme les Écossais l'appellent ; cela la cachera assez pour que les étrangers puissent croire que vous êtes au-dessus de cette fonction ; cela l'empêchera de tomber, et ainsi logée, vous l'avez là toute prête à tirer en un clin d'œil, et toute chaude pour le premier convive, à votre portée, qui peut en avoir besoin ; et enfin, un autre avantage de cette méthode, c'est que, si à aucun moment de votre service vous voyez que vous allez tousser ou éternuer, vous pouvez immédiatement arracher l'assiette de votre sein, et en tenir la partie creuse tout contre votre nez ou votre bouche, et ainsi empêcher qu'il ne jaillisse de l'un ou de l'autre aucun liquide sur les plats ou sur les robes des dames. Vous voyez les messieurs et les dames pratiquer la même chose en pareille occasion, avec un chapeau ou un mouchoir ; cependant une assiette se salit moins et se nettoie plus vite qu'aucun de ces objets ; car lorsque votre toux ou votre éternuement est passé, il n'y a qu'à remettre l'assiette à la même place, et votre chemise la nettoie au passage.

Enlevez les plus grands plats et posez-les d'une main, pour montrer aux dames votre vigueur et la force de vos reins, mais faites-le toujours entre deux dames, afin que si le plat vient à glisser, la soupe ou la sauce puisse tomber sur leurs habits, et ne pas tacher le parquet : grâce à cette pratique, deux de nos confrères, mes dignes amis, ont fait une fortune considérable.

Apprenez tout ce qui est de la dernière mode en fait d'expressions, de jurements, de chansons et d'extraits de pièces de théâtre, autant que votre mémoire en peut retenir. Vous deviendrez ainsi les délices de neuf dames sur dix, et l'envie de quatre-vingt-dix-neuf beaux sur cent.

Prenez soin à certains moments, durant le dîner particulièrement, lorsqu'il y a des personnes de qualité, d'être, vous et vos camarades, tous à la fois hors de la salle ; par là vous vous reposerez un peu de la fatigue du service et en même temps permettrez à la compagnie de causer plus librement, n'étant plus gênée par votre présence.

Quand vous êtes envoyé en message, délivrez-le dans vos propres termes, fût-ce à un duc ou à une duchesse, et non dans les termes de votre maître ou maîtresse ; car comment peuvent-ils savoir ce qui est relatif à un message aussi bien que vous qui avez fait votre apprentissage de cet emploi ? Mais ne rendez jamais la réponse qu'elle ne soit demandée, et alors ornez-la de votre propre style.

Quand le dîner est fini, descendez une grande pile d'assiettes à la cuisine, et quand vous arrivez au bord de l'escalier faites-la rouler toute devant vous ; il n'est pas de vue ou de son plus agréable, surtout si elles sont en argent, indépendamment de la peine qu'elle vous épargne, et elle sera là, près de la porte de la cuisine, à la disposition de la laveuse.

Si vous montez un morceau de viande dans un plat, et qu'il vous tombe de la main avant que vous entriez dans la salle à manger, la viande par terre et la sauce répandue, ramassez doucement la viande, essuyez-la avec le pan de votre habit, puis remettez-la dans le plat, et servez ; et quand votre maîtresse s'aperçoit que la sauce manque, dites-lui qu'on va l'apporter à part.

Quand vous montez un plat de viande, trempez vos doigts dans la sauce, ou léchez-la avec votre langue, pour voir si elle est bonne et digne de la table de votre maître.

Vous êtes le meilleur juge des amis que votre maîtresse doit avoir ; si donc elle vous envoie en message pour compliment ou affaire à une famille que vous n'aimez pas, rendez la réponse de façon à faire naître entre elles une querelle irréconciliable ; ou si un valet de pied vient de la même maison pour le même sujet, tournez la réponse qu'elle vous ordonne de rendre de telle manière que l'autre famille puisse la prendre pour un affront.

Quand vous êtes en garni, et que vous ne pouvez avoir de décrotteur, nettoyez les souliers de votre maître avec le bas des rideaux, une serviette propre ou le tablier de votre hôtesse.

Portez toujours votre chapeau dans la maison, excepté quand votre maître appelle ; et aussitôt que vous venez en sa présence, ôtez-le pour montrer vos manières.

Ne nettoyez jamais vos souliers au décrottoir, mais dans le corridor, ou au pied de l'escalier ; grâce à quoi vous aurez le mérite d'être au logis près d'une minute plus tôt, et le décrottoir durera plus longtemps.

Ne demandez jamais la permission de sortir ; car alors on saura toujours que vous êtes absent, et vous passerez pour un paresseux et un coureur ; tandis que si vous sortez sans être vu, vous avez la chance de rentrer sans qu'on s'en soit aperçu, et vous n'avez pas besoin de dire à vos camarades où vous êtes allé, car ils ne manqueront pas de répondre que vous étiez là il n'y a que deux minutes, ce qui est le devoir de tout domestique.

Mouchez la chandelle avec vos doigts et jetez la mouchure sur le plancher, mais mettez le pied dessus, pour empêcher l'odeur ; cette méthode empêchera beaucoup les mouchettes de s'user. Il faut aussi les moucher tout à fait ras, ce qui les fera couler et augmentera ainsi les profits des graisses de la cuisinière ; car c'est surtout avec elle qu'il est prudent à vous d'être bien.

Tandis qu'on dit les grâces après la viande, vous et vos camarades ôtez les chaises derrière les convives, afin que, lorsqu'ils iront pour se rasseoir, ils puissent tomber en arrière, ce qui les égayera tous ; mais soyez assez sage pour retenir votre rire jusqu'à ce que vous soyez à la cuisine, et alors divertissez vos camarades.

Quand vous savez que votre maître est le plus occupé en compagnie, entrez et faites semblant de ranger la chambre, et s'il gronde, dites que vous pensiez qu'il avait sonné. Cela l'empêchera de trop s'occuper d'affaires, ou de s'épuiser à parler, ou de se torturer l'esprit, toutes choses mauvaises pour sa constitution.

Si on vous ordonne de casser la patte d'un crabe ou d'un homard, pincez-la dans la porte de la salle à manger : de cette façon, vous pouvez aller graduellement sans écraser la chair, ce qui arrive surtout avec la clef de la porte de la rue, ou le piton.

Quand vous enlevez une assiette sale à un des convives, et que vous voyez que le couteau et la fourchette sales sont sur l'assiette, montrez votre dextérité : enlevez l'assiette, et rejetez le couteau et la fourchette sur la table, sans faire tomber les os ou les restes de viande qu'on y a laissés ; alors le convive, qui a plus de temps que vous, essuiera la fourchette et le couteau qui ont déjà servi.

Quand vous portez à boire à une personne qui l'a demandé, ne lui tapez pas sur l'épaule, et ne lui criez pas : Monsieur, ou Madame, voici le verre ! cela serait de mauvaise compagnie, on croirait que vous voulez entonner de force votre boisson dans le gosier ; maintenez-vous à l'épaule gauche de la personne, et attendez son loisir ; et si elle la renverse du coude par oubli, c'est sa faute, et non la vôtre.

Quand votre maîtresse vous envoie chercher une voiture de place un jour de pluie, revenez dans la voiture pour épargner vos habits et vous éviter la peine de marcher ; il vaut mieux que le bas de ses jupes soit crotté par vos souliers sales, que de gâter votre livrée et d'attraper un rhume.

Il n'est pas d'humiliation aussi grande pour un homme dans votre position que d'éclairer votre maître dans les rues avec une lanterne : c'est pourquoi il est de très bonne politique d'user de toute espèce d'artifices pour l'éviter ; d'ailleurs, cela montre que votre maître est pauvre ou avare, les deux pires défauts que vous puissiez rencontrer dans aucun service. En pareille circonstance, j'ai eu recours à plusieurs sages expédients que je vous recommande ici. Une fois, je pris une chandelle si longue qu'elle atteignait le haut de la lanterne et qu'elle la brûla ; mais mon maître, après m'avoir bien rossé, m'ordonna d'y coller du papier. J'employai ensuite une chandelle moyenne, mais je l'assujettis si mal dans la bobèche qu'elle penchait toute et brûla tout un côté de la corne. Puis je mis un bout de chandelle d'un demi-pouce qui s'enfonça dans la bobèche et la désouda, et força mon maître de faire la moitié du chemin dans l'obscurité. Alors il me fit mettre deux pouces de chandelle à l'endroit ou était la bobèche, après quoi je fis semblant de trébucher, éteignis la chandelle, et mis en pièces toute la partie de fer-blanc : à la fin, il fut forcé d'employer un petit garçon pour porter sa lanterne, par une économie bien entendue.

Il est bien déplorable que les gens de notre condition n'aient que deux mains pour porter les assiettes, les plats, les bouteilles, etc., hors de la salle pendant les repas ; et le malheur est d'autant plus grand qu'une de ces mains est nécessaire pour ouvrir la porte, tandis que vous êtes encombré de ce fardeau ; c'est pourquoi je vous engage à laisser toujours la porte entr'ouverte, de façon à pouvoir l'ouvrir du pied, et alors vous pouvez porter assiettes et plats de votre ventre à votre menton, indépendamment d'une quantité de choses sous vos bras, ce qui vous épargnera bien des pas ; mais prenez garde de rien laisser tomber avant d'être hors de la salle et, s'il est possible, assez loin pour ne pas être entendu.

Si l'on vous envoie mettre une lettre à la poste par une soirée froide et pluvieuse, entrez au cabaret et prenez un pot, jusqu'à ce que vous soyez censé avoir fait votre commission ; mais profitez de la première occasion pour la mettre soigneusement à la poste, comme il convient à un honnête serviteur.

Si l'on vous ordonne de faire du café pour les dames après dîner, et qu'il se mette à s'enfuir tandis que vous montez bien vite chercher une cuiller pour le remuer, ou que vous pensez à quelque autre chose, ou que vous luttez avec la femme de chambre pour avoir un baiser, essuyez bien le dehors du pot avec un torchon, montez hardiment votre café, et quand votre maîtresse le trouvera trop faible, et vous demandera s'il ne s'est pas enfui, niez formellement le fait ; jurez que vous y avez mis plus de café qu'à l'ordinaire, que vous ne l'avez pas quitté d'un instant, que vous vous êtes efforcé de le faire meilleur que de coutume, parce que votre maîtresse avait des dames avec elle, que les domestiques dans la cuisine attesteront ce que vous dites : là-dessus, vous verrez que les autres dames déclareront le café très bon, et votre maîtresse avouera qu'elle ne sent rien ce soir, et à l'avenir elle se défiera d'elle-même et sera moins prompte à se plaindre. Cela, je voudrais que vous le fissiez par principe de conscience, car le café est très malsain ; et, par affection pour votre maîtresse, vous devez le lui donner aussi faible que possible ; et d'après ce raisonnement, quand vous avez envie de régaler quelque servante d'une tasse de café frais, vous pouvez et devez soustraire une partie de la poudre, dans l'intérêt de la santé de votre maîtresse, et pour vous concilier les bonnes grâces de ses servantes.

Si votre maître vous envoie porter un petit cadeau, une bagatelle à un de ses amis, prenez-en soin comme d'une bague en diamant : le cadeau ne fût-il que d'une demi-douzaine de pommes de reinette, faites dire par le domestique qui reçoit le message que vous avez ordre de les remettre en mains propres. Cela montrera votre exactitude et votre soin à prévenir les accidents et les méprises ; et le monsieur ou la dame ne peut moins faire que de vous donner un shilling : de même, quand votre maître reçoit un présent semblable, enseignez au messager qui l'apporte à en faire autant, et faites quelques insinuations à votre maître qui stimulent sa générosité ; car on doit s'assister entre domestiques, puisque après tout c'est pour l'honneur des maîtres, ce qui est le principal point à considérer pour tout bon serviteur, et dont il est le meilleur juge.

Quand vous allez à quelques portes de la vôtre pour jaser avec une fille, ou prendre en courant un pot d'ale, ou voir un camarade qui va être pendu, laissez la porte de la rue ouverte, afin de ne pas être forcé de frapper, et que votre maître ne découvre pas que vous êtes sorti ; car un quart d'heure de temps ne peut faire de tort à son service.

Quand vous emportez les croûtes de pain après dîner, mettez-les sur des assiettes sales, et écrasez-les sous d'autres assiettes, de façon que personne n'y puisse toucher ; et alors ce sera le profit du gamin de service.

Quand vous êtes forcé de nettoyer de votre propre main les souliers de votre maître, employez le tranchant du couteau de cuisine qui coupe le mieux, et séchez-les, le bout à un pouce du feu ; car les souliers humides sont dangereux, et d'ailleurs, par ce moyen, vous les aurez plus vite pour vous.

Dans quelques maisons, le maître envoie souvent chercher à la taverne une bouteille de vin, et vous êtes le messager : je vous engage alors à prendre la plus petite bouteille que vous pouvez trouver ; mais, en tout cas, faites-vous donner une pleine quarte ; vous aurez ainsi quelque chose pour vous-même, et votre bouteille sera remplie. Quant à un bouchon, ne vous en mettez pas en peine, car le pouce fera aussi bien, ou un morceau de sale papier mâché.

Dans toutes les disputes avec les porteurs de chaises et les cochers qui demandent trop, quand votre maître vous fait descendre pour marchander avec eux, prenez pitié de ces pauvres diables, et dites à votre maître qu'ils ne veulent pas recevoir un liard de moins : il est plus de votre intérêt d'avoir votre part d'un pot d'ale que d'épargner un shilling à votre maître, pour qui c'est une bagatelle.

Quand vous accompagnez votre maîtresse par une soirée très sombre, si elle se sert de sa voiture, ne marchez pas à côté de la voiture de façon à vous fatiguer et à vous crotter, mais montez à la place qui vous convient derrière, et de là tenez la torche penchée en avant par-dessus l'impériale ; et quand elle a besoin d'être mouchée, frappez-la contre les coins.

Quand vous laissez votre maîtresse à l'église les dimanches, vous avez deux heures d'assurées à dépenser avec vos camarades au cabaret, ou devant un beefsteak et un pot de bière, à la maison, avec la cuisinière et les servantes ; et vraiment les pauvres domestiques ont si peu d'occasions d'être heureux qu'ils n'en doivent perdre aucune.

Ne portez jamais de bas quand vous servez à table, dans l'intérêt de votre santé comme de celle des convives ; attendu que la plupart des dames aiment l'odeur des pieds des jeunes gens, et que c'est un remède souverain contre les vapeurs.

Choisissez une condition, si vous le pouvez, où les couleurs de votre livrée soient le moins voyantes et le moins remarquables ; vert et jaune trahit immédiatement votre office, et ainsi fait toute espèce de galons, excepté ceux d'argent, qui peuvent difficilement vous échoir, à moins d'un duc, ou de quelque prodigue qui vient d'entrer en possession de sa fortune. Les couleurs que vous devez désirer sont le bleu, ou feuille-morte à parements rouges ; ce qui, avec une épée d'emprunt, un air d'emprunt, le linge de votre maître, et un aplomb naturel perfectionné, vous donnera le titre que vous voudrez, là où vous n'êtes pas connu.

Quand vous emportez des plats ou autre chose de la salle, pendant les repas, emplissez-vous les mains autant que possible ; car bien que vous puissiez tantôt verser, et tantôt laisser tomber, cependant vous trouverez, à la fin de l'année, que vous avez été expéditif, et que vous avez économisé beaucoup de temps.

Si votre maître ou votre maîtresse vont à pied dans la rue, tenez-vous à côté d'eux, et sur leur niveau, autant que vous pourrez. Ce que voyant, l'on croira ou que vous n'êtes pas à eux, ou que vous êtes de leur compagnie ;

mais si l'un ou l'autre se retourne pour vous parler, et vous met dans la nécessité d'ôter votre chapeau, n'y employez que le pouce et un doigt, et grattez-vous la tête avec le reste.

En hiver n'allumez le feu de la salle à manger que deux minutes avant qu'on serve le dîner, afin que votre maître voie combien vous êtes économe de son charbon.

Quand on vous ordonne d'attiser le feu, faites tomber les cendres d'entre les barres avec le petit balai.

Quand on vous ordonne d'appeler une voiture, fût-il minuit, n'allez pas plus loin que la porte, de peur de n'être pas là si l'on a besoin de vous, et restez à crier : Cocher ! cocher ! pendant une demi-heure.

Quoique vous autres messieurs de la livrée vous ayez le malheur d'être traités du haut en bas par tout le genre humain, cependant vous trouvez moyen de ne pas perdre courage, et parfois vous arrivez à des fortunes considérables. J'ai eu pour ami intime un de vos camarades qui était valet de pied d'une dame de la cour ; elle avait une place honorable, était sœur d'un comte, et veuve d'un homme de qualité. Elle remarqua quelque chose de si poli dans mon ami, tant de grâce dans sa façon de marcher devant sa chaise, et de mettre ses cheveux sous son chapeau, qu'elle lui fit plusieurs avances ; et un jour qu'elle prenait l'air dans son carrosse, avec Tom derrière, le cocher se trompa de route, et s'arrêta à une chapelle privilégiée, où le couple fut marié, et Tom revint à la maison dans le coupé à côté de sa maîtresse ; mais malheureusement il lui apprit à boire de l'eau-de-vie, dont elle mourut, après avoir mis toute sa vaisselle en gage pour en acheter, et Tom maintenant travaille à la journée chez un fabricant de drêche.

Boucher, le fameux joueur, était aussi de votre confrérie, et lorsqu'il était riche de 50 000 livres il tourmenta le duc de Buckingham pour un arriéré de gages ; et je pourrais en citer beaucoup d'autres, un, particulièrement, dont le fils avait un des principaux emplois de la cour ; mais il suffit de vous donner l'avis d'être impertinent et effronté avec tout le monde, spécialement le chapelain, la femme de chambre, et les principaux domestiques d'une personne de qualité, et ne faites pas attention à quelques coups de pied ou de canne, de temps en temps ; car votre insolence finira par vous profiter, et vous pourrez probablement troquer votre livrée contre un uniforme.

Quand vous vous tenez derrière une chaise, pendant les repas, remuez-en constamment le dossier, afin que la personne derrière laquelle vous êtes puisse savoir que vous êtes à sa disposition.

Quand vous portez une pile d'assiettes de porcelaine, s'il leur arrive de tomber, ce qui est un malheur fréquent, votre excuse doit être qu'un chien s'est jeté entre vos jambes dans le vestibule ; que la fille de service a par hasard poussé la porte contre vous ; qu'une *mop* barrait l'entrée, et vous a fait trébucher ; que votre manche s'est prise dans la clef ou dans le bouton de la serrure.

Quand votre maître et votre maîtresse causent ensemble dans leur chambre à coucher, et que vous avez soupçon que vous êtes, vous ou vos camarades, pour quelque chose dans ce qu'ils disent, écoutez à la porte, dans l'intérêt général de tous les domestiques, et réunissez-vous pour prendre les mesures propres à prévenir toute innovation qui peut nuire à la communauté.

Ne vous enorgueillissez point dans la prospérité : vous avez entendu dire que la fortune tourne sur une roue ; si vous avez une bonne place, vous êtes au sommet de la roue. Rappelez-vous combien de fois on vous a fait mettre habit bas, et jeté à la porte, vos gages tous reçus à l'avance, et dépensés en souliers à talons rouge de hasard, en toupets de seconde main, en manchettes de dentelles raccommodées, indépendamment d'une dette énorme à la cabaretière et au liquoriste. Le gargotier voisin, qui auparavant vous faisait signe le matin de venir manger un savoureux morceau de bajoue, vous le donnait gratis et ne comptait que le liquide, aussitôt que vous êtes tombé en disgrâce, a présenté une requête à votre maître, pour être payé sur vos gages, dont il ne vous était pas dû un liard, et alors vous a fait poursuivre par des recors dans tous les cabarets borgnes. Rappelez-vous comme vous êtes devenu vite râpé, percé aux coudes, éculé aux talons ; que vous avez été forcé d'emprunter une vieille livrée, afin de vous présenter pour une nouvelle place ; d'aller furtivement dans chaque maison où vous aviez une ancienne connaissance qui dérobât pour vous de quoi vous empêcher de crever de faim ; et qu'en somme vous étiez au plus bas degré de la vie humaine, qui est, comme dit la vieille chanson, celle d'un saute-ruisseau hors de place ; rappelez-vous, dis-je, tout cela dans la condition florissante où vous êtes. Tendez une main secourable à vos frères cadets que le sort a déshérités ; prenez-en un à vos ordres, pour faire les messages de votre maîtresse, quand vous avez envie d'aller au cabaret ; glissez-leur secrètement, de temps à autre, une tranche de pain et un peu de viande froide, cela ne ruinera pas vos maîtres ; et si l'État ne s'est pas encore chargé de son logement, faites-le coucher dans l'écurie ou la remise, ou sous l'escalier de derrière, et recommandez-le à tous les messieurs qui fréquentent votre maison, comme un excellent domestique.

Vieillir dans les fonctions de valet de pied est le plus grand de tous les déshonneurs ; c'est pourquoi, quand vous voyez venir les années sans espoir d'une place à la cour, d'un commandement dans l'armée, d'une promotion au grade d'intendant, d'un emploi dans le revenu (ces deux derniers ne s'obtiennent pas sans savoir lire et écrire), ou d'enlever la nièce ou la fille de votre maître, je vous recommande expressément d'aller sur le grand chemin, c'est le seul poste d'honneur qui vous reste ; vous y rencontrerez beaucoup de vos anciens camarades, vous y mènerez une vie courte et bonne, et vous ferez figure à votre jour suprême, pour lequel je veux vous donner quelques instructions.

Mon dernier avis est relatif à votre conduite quand vous allez être pendu ; ce qui, pour vol domestique ou avec effraction ou sur le grand chemin, ou pour avoir tué, dans une querelle d'ivrogne, le premier homme que vous avez rencontré, sera bien probablement votre lot, et est dû à une de ces trois qualités : amour de la société, générosité d'âme, ou trop de chaleur de sang. Votre bonne attitude dans cette circonstance intéressera tout le corps. Niez le fait avec les imprécations les plus solennelles ; une centaine de vos frères, s'ils peuvent y pénétrer, seront à l'audience, prêts, sur demande, à vous donner un certificat devant la cour. Que rien ne vous décide à un aveu, si ce n'est la promesse de votre grâce pour avoir dénoncé vos camarades ; mais je suppose que vous aurez pris là une peine inutile, car si vous échappez en ce moment, votre sort sera le même un autre jour. Faites-vous écrire un discours par le meilleur auteur de Newgate ; quelqu'une de vos bonnes amies vous fournira une chemise de toile de Hollande et un bonnet de coton blanc, couronné d'un ruban rouge ou noir ; prenez joyeusement congé de tous vos amis de Newgate ; montez sur la charrette avec courage ; tombez à genoux ; levez les yeux au ciel ; tenez un livre dans vos mains, quoique vous ne sachiez pas lire un mot ; niez le fait au pied de la potence ; donnez un baiser au bourreau et pardonnez-lui, et puis adieu : vous serez enterré en grande pompe, aux frais de votre confrérie ; le chirurgien ne touchera pas à un de vos membres, et votre renommée durera jusqu'à ce que vous ayez un successeur de réputation égale.

Chapitre IV

Instructions au cocher

Vous n'êtes strictement tenu à rien qu'à monter sur votre siège, et à conduire votre maître ou maîtresse.

Que vos chevaux soient si bien dressés, que, lorsque votre maîtresse fait une visite, ils vous permettent de vous glisser dans un cabaret du voisinage pour vider un pot avec un ami.

Quand vous n'êtes pas d'humeur de sortir, dites à votre maître que les chevaux ont pris froid, qu'ils ont besoin d'être ferrés, que la pluie leur fait du mal, et gâte leur robe, et pourrit les harnais. Cela s'applique également au groom.

Si votre maître dîne chez un ami à la campagne, buvez autant que vous pouvez ; car il est admis qu'un bon cocher ne mène jamais si bien que lorsqu'il est ivre ; et alors montrez votre habileté en passant à un pouce des précipices, et dites que vous ne menez jamais si bien que lorsque vous êtes ivre.

Si vous voyez qu'un gentleman ait envie d'un de vos chevaux et qu'il soit disposé à vous en donner quelque chose au-delà du prix, persuadez à votre maître de le lui vendre, et dites que la bête est si vicieuse que vous ne pouvez vous charger de la conduire, et qu'elle est fourbue, par-dessus le marché.

Chargez un gamin de veiller sur votre voiture, à la porte de l'église, les dimanches, afin de pouvoir vous réjouir vous et les autres cochers au cabaret, tandis que votre maître et votre maîtresse sont à l'église.

Ayez soin que vos roues soient bonnes, et faites-en acheter de neuves aussi souvent que vous pouvez, que l'on vous laisse ou non les vieilles comme profit : dans un des cas ce sera pour vous un gain légitime, et dans l'autre une juste punition de la ladrerie de votre maître ; et, probablement, le carrossier vous en tiendra compte.

Chapitre V

Instructions au groom

Vous êtes le domestique duquel dépend l'honneur de votre maître dans tous ses voyages ; votre sein en est le seul dépositaire. S'il parcourt le pays et loge dans les auberges, chaque petit verre d'eau-de-vie, chaque pot d'ale extra que vous buvez, ajoute à sa considération : sa réputation doit donc vous être chère, et j'espère que vous ne vous gênerez pas pour boire de l'une et de l'autre. Le forgeron, le garçon sellier, le cuisinier de l'auberge, le palefrenier et le valet qui cire les bottes, doivent tous, par votre moyen, avoir part à la générosité de votre maître : ainsi sa réputation ira de comté en comté ; et qu'est-ce qu'un galon d'ale, ou une pinte d'eau-de-vie, pour la poche de Son Honneur ? Et quand même il serait de ceux qui prisent moins leur considération que leur bourse, le soin que vous prenez de la première en devrait être d'autant plus grand. Son cheval a eu besoin qu'on changeât ses fers de pieds ; le vôtre a eu besoin de clous ; sa ration d'avoine et de féveroles était plus forte que le voyage ne le demandait ; on peut en retrancher un tiers, et le changer en ale ou en eau-de-vie ; et ainsi l'honneur de votre maître peut être sauvé par votre sagesse, et à moins de frais pour lui ; ou bien, s'il ne voyage pas avec d'autre domestique, l'affaire peut être facilement arrangée sur le compte, entre vous et l'aubergiste.

Or donc, dès que vous descendez à l'auberge, remettez vos chevaux au valet d'écurie, pour qu'il les mène au galop à l'abreuvoir voisin : alors demandez un pot d'ale, car il est très convenable qu'un chrétien boive avant une bête. Laissez votre maître aux soins des domestiques de l'auberge, et vos chevaux aux soins de ceux de l'écurie : de la sorte il est, ainsi qu'eux, aux mains les plus convenables, tandis que vous êtes seul à vous occuper de vous : faites-vous donc donner à souper, buvez copieusement, et couchez-vous sans déranger votre maître, qui est en de meilleures mains que les vôtres. Le palefrenier est un honnête garçon, qui aime les chevaux de tout son cœur, et ne voudrait pas pour le monde entier faire tort aux créatures de Dieu. Ayez de la sollicitude pour votre maître, et ordonnez aux domestiques de ne pas l'éveiller trop matin. Déjeunez avant qu'il soit debout, de peur de vous faire attendre ; faites-lui dire par le palefrenier que les chemins sont très bons, et les milles courts ; mais engagez-le à rester un peu plus longtemps, jusqu'à ce que le ciel s'éclaircisse, car il a peur qu'il ne pleuve, et il aura assez de temps après dîner.

Laissez votre maître monter à cheval avant vous, par savoir-vivre. Quand il quitte l'auberge, glissez une bonne parole en faveur du palefrenier, qui a pris tant de soin des bêtes ; et ajoutez que vous n'avez jamais vu des domestiques plus polis. Laissez votre maître partir devant, et restez jusqu'à ce que votre hôte vous ait donné un petit verre ; puis galopez après lui à travers la ville ou le village à toute bride, de peur qu'il n'ait besoin de vous, et pour montrer quel écuyer vous êtes.

Si vous êtes un peu vétérinaire, comme doit l'être tout bon groom, achetez du vin d'Espagne, de l'eau-de-vie, ou de la bière forte, pour frotter les jambes de vos chevaux tous les soirs, et ne lésinez pas, car, si vous en avez employé, ce qui reste, vous savez comment en disposer.

Ayez égard à la santé de votre maître, et plutôt que de lui laisser faire de longues traites, dites que les bêtes sont faibles, et qu'elles dépérissent de trop marcher ; parlez-lui d'une très bonne auberge plus près de cinq milles que celle où il voulait aller ; ou relâchez le matin un fer de devant de son cheval ; ou faites en sorte que la selle blesse l'animal au garrot ; ou tenez-le sans avoine toute la nuit et la matinée, de façon qu'il se fatigue en route ; ou fourrez une petite plaque de fer entre le pied et le fer, afin qu'il boite ; et tout cela par extrême sollicitude pour votre maître.

Quand vous allez être engagé, et que le gentleman vous demande si vous êtes sujet à vous griser, avouez franchement que vous aimez un verre de bonne ale ; mais que c'est votre habitude, sobre ou non, de ne jamais négliger vos chevaux.

Quand votre maître a envie de monter à cheval pour prendre l'air, ou par plaisir, si, par suite de quelque affaire particulière, il ne vous est pas commode de l'accompagner, faites-lui entendre que les chevaux ont besoin d'être saignés ou purgés ; que son propre cheval a eu une indigestion ; ou que la selle a besoin d'être rembourrée, et que sa bride est à raccommoder : cela, vous pouvez le faire honnêtement, parce que cela ne fera de mal ni aux chevaux ni à votre maître, et en même temps cela montre tout le soin que vous prenez des pauvres créatures.

S'il est une auberge particulière de la ville où vous alliez, et où vous soyez bien connu du palefrenier ou de l'hôte et des gens de la maison, dénigrez les autres auberges, et recommandez celle-ci à votre maître. Ce sera probablement un pot et un ou deux petits verres de plus, à votre profit, et à l'honneur de votre maître.

Si votre maître vous envoie acheter du foin, traitez avec ceux qui seront le plus généreux envers vous, car servir n'étant pas avoir des rentes, vous ne devez pas laisser échapper un profit légitime et consacré par l'usage. Si votre maître l'achète lui-même, il vous fait tort ; et, pour lui apprendre son devoir, ne manquez pas de trouver à redire au foin tant qu'il dure ; et si les chevaux s'en trouvent bien, c'est votre faute.

Le foin et l'avoine, aux mains d'un groom habile, feront d'excellente ale, aussi bien que de l'eau-de-vie ; mais cela doit s'entendre à demi-mot.

Quand votre maître dîne ou couche chez un gentleman, à la campagne, quoiqu'il n'y ait pas de groom, ou qu'il soit absent, ou que les chevaux aient été tout à fait négligés, ne manquez pas d'employer quelqu'un des domestiques à tenir son cheval lorsqu'il monte. Cela, je voudrais que vous le fissiez aussi quand votre maître ne fait que mettre pied à terre pour une visite de quelques minutes ; car entre confrères on doit s'entraider, et cela intéresse aussi l'honneur de votre maître, attendu qu'il ne peut pas faire moins que de donner une pièce de monnaie à celui qui tient son cheval.

Dans les longs voyages, demandez à votre maître la permission de donner de l'ale aux chevaux ; portez-en deux quartes pleines à l'écurie, versez-en une demi-pinte dans un bol, et s'ils n'en veulent pas boire, vous et le palefrenier vous ferez de votre mieux : peut-être seront-ils dans une meilleure disposition à l'auberge prochaine ; car je ne voudrais pas vous voir jamais manquer de faire l'expérience.

Quand vous allez promener vos chevaux au parc ou dans les champs, donnez-les à un petit garçon d'écurie, ou à un petit gamin, qui, étant plus léger que vous, pourra, avec moins d'inconvénients pour eux, les transformer en chevaux de course, et leur apprendre à sauter les haies et les fossés, tandis que vous boirez amicalement avec vos confrères ; mais parfois aussi vous pouvez lutter vous-même à la course, pour l'honneur de vos chevaux, et celui de vos maîtres.

Ne lésinez jamais à la maison sur le foin et l'avoine, mais emplissez le râtelier jusqu'au haut, et la mangeoire jusqu'au bord, car vous-même vous ne seriez pas bien aise d'être mis à la portion congrue ; quoique, peut-être, vos chevaux ne puissent pas manger tout cela, réfléchissez qu'ils peuvent encore moins le demander. Si le foin est jeté par terre, il n'y a pas de perte, car il fait de la litière et économise la paille.

Quand votre maître quitte la maison de campagne d'une personne chez qui il a passé la nuit, prenez son honneur en considération ; faites-lui savoir combien il s'y trouve de domestiques des deux sexes, qui s'attendent à un pourboire, et avertissez-les de se tenir sur deux rangs lorsqu'il part ; mais engagez-le à ne pas confier l'argent au butler, de crainte qu'il ne frustre les autres ; cela forcera votre maître à être plus généreux, et alors vous pouvez saisir l'occasion de dire à votre maître que le squire un tel, au service de qui vous étiez précédemment, donnait toujours tant par tête aux domestiques ordinaires, et tant à la femme de charge et au reste, fixant au moins le double de ce qu'il avait l'intention de donner ; mais ne manquez pas de dire aux domestiques le bon office que vous leur aurez rendu ; cela vous gagnera leur affection, et fera honneur à votre maître.

Vous pouvez vous permettre de vous griser plus souvent que le cocher, quoiqu'il prétende alléguer en sa faveur, parce que vous ne hasardez que votre propre cou ; car le cheval saura bien prendre assez soin de lui-même pour s'en tirer avec une entorse seulement ou une épaule démise.

Quand vous portez la redingote de votre maître en voyage, roulez la vôtre dedans, et serrez-les avec une courroie, mais mettez la doublure de votre maître en dehors, pour empêcher le dessus de se mouiller et de se crotter : de cette façon, quand il commencera à pleuvoir, l'habit de votre maître sera le premier disponible ; et, s'il est plus endommagé que le vôtre, votre maître a plus le moyen de supporter la perte, car votre livrée doit toujours faire son année d'apprentissage.

Quand vous arrivez à votre auberge avec les chevaux mouillés et crottés, après une longue traite, et que vous avez très chaud, dites au palefrenier de les plonger immédiatement dans l'eau jusqu'au ventre, et laissez-les boire autant qu'il leur plaira ; mais ne manquez pas de les faire galoper à toute bride au moins un mille, pour leur sécher la peau, et chauffer l'eau qui est dans leur ventre. Le palefrenier entend son affaire ; laissez tout à sa discrétion, tandis que vous videz un pot d'ale et de l'eau-de-vie au feu de la cuisine, pour vous remettre le cœur.

Si votre cheval perd un fer de devant, ayez soin de mettre pied à terre et de le ramasser ; puis galopez aussi vite que possible, le fer à la main (afin que chaque voyageur puisse observer votre soin), jusqu'au prochain maréchal-ferrant sur la route, faites-le-lui remettre immédiatement, afin que votre maître n'attende pas, et que le pauvre cheval soit sans fer aussi peu de temps que possible.

Quand votre maître couche chez un gentleman, si vous trouvez que le foin et l'avoine soient bons, plaignez-vous tout haut de leur mauvaise qualité : cela vous donnera la réputation d'un domestique soigneux ; et ne manquez pas de gorger les chevaux d'autant d'avoine qu'ils en peuvent manger, tandis que vous y êtes, et vous pouvez leur en donner d'autant moins pour quelques jours dans les auberges, et changer l'avoine en ale. Quand vous partez de chez ce gentleman, racontez à votre maître quel ladre c'était ; que vous n'avez eu à boire que du lait de beurre ou de l'eau ; cela fera que votre maître, par pitié, vous accordera un pot d'ale de plus à l'auberge suivante ; mais s'il vous arrive d'être gris chez un gentleman, votre maître ne peut se fâcher, puisque cela ne lui a rien coûté ; ainsi vous devez le lui dire, aussi bien que vous pourrez, dans l'état où vous êtes, et expliquez-lui qu'il y va de son honneur et de celui de ce gentleman, de faire bon accueil au domestique d'un ami.

Un maître doit toujours aimer son groom, lui donner une belle livrée, et un chapeau galonné d'argent. Quand vous êtes dans cet équipage, tout l'honneur qu'il reçoit sur la route est dû à vous seul ; s'il n'est pas dérangé de son chemin par chaque roulier, il le doit aux civilités de seconde main qu'il reçoit en la personne de sa respectable livrée.

Vous pouvez de temps à autre prêter le cheval de votre maître à un camarade, ou à votre servante favorite, pour une petite promenade, ou le louer pour une journée, parce que le cheval se gâte faute d'exercice ; et si, par hasard, votre maître a besoin de son cheval, ou a envie de voir l'écurie, jurez après ce gredin de palefrenier, qui est parti avec la clef.

Quand vous voulez passer une heure ou deux au cabaret avec vos camarades, et que vous avez besoin d'une excuse plausible pour votre absence, sortez de l'écurie, ou par-derrière, avec une vieille bride, sangle ou courroie d'étrier dans votre poche ; et à votre retour, entrez par la porte de la rue, avec la même bride, sangle ou courroie pendue à votre main, comme si vous veniez de chez le sellier, où vous avez été la faire raccommoder. Si on ne vous a pas demandé, tout va bien ; mais si vous êtes rencontré par votre maître, vous aurez la réputation d'un serviteur soigneux. J'ai vu pratiquer cela avec bien du succès.

Chapitre VI

INSTRUCTIONS À L'INTENDANT ET AU RÉGISSEUR

L'INTENDANT de lord Peterborough, qui démolit sa maison, vendit les matériaux et fit payer les réparations à mylord. Prenez de l'argent des tenanciers pour ne rien dire. Renouvelez les baux, et gagnez dessus, et vendez des bois. Prêtez à mylord son propre argent. Gil Blas en dit beaucoup là-dessus ; je vous renvoie à lui.

Chapitre VII

Instructions au portier

Si votre maître est un ministre d'État, qu'il ne soit au logis que pour son complaisant, ou flatteur en chef, ou un des écrivains qu'il pensionne, ou son espion et dénonciateur à gages, ou son imprimeur ordinaire, ou son *solicitor*[1] de la cité, ou son courtier de biens-fonds, ou son inventeur de fonds nouveaux, ou son agioteur.

1. Procureur en chancellerie.

Chapitre VIII

INSTRUCTIONS À LA CHAMBRIÈRE

LA NATURE DE VOS FONCTIONS diffère suivant la qualité, l'orgueil ou la richesse de la dame que vous servez, et ce traité doit s'appliquer à toutes sortes de maisons ; en sorte que je me trouve dans un grand embarras pour régler au mieux la besogne à laquelle vous êtes tenue. Dans les familles où il y a de l'aisance vous différez de la fille de service, et c'est à ce point de vue que je donne mes instructions. Votre département spécial est la chambre de votre maîtresse, où vous faites le lit, et mettez les choses en ordre ; et si vous vivez à la campagne, vous prenez soin des chambres où couchent les dames qui viennent à la maison, et c'est de là que viennent tous vos profits. Votre amoureux, à ce que je suppose, est le cocher ; mais si vous êtes au-dessous de vingt ans, et passablement bien, peut-être un laquais peut jeter les yeux sur vous.

Faites-vous aider par votre laquais favori à faire le lit de votre maîtresse ; et si vous servez un jeune couple, le laquais et vous, en retournant les draps, vous ferez les plus jolies observations du monde, qui, contées à l'oreille, seront très divertissantes pour toute la maison, et circuleront dans le voisinage.

Ne descendez pas les vases indispensables pour les faire voir aux gens, mais videz-les par la fenêtre, par considération pour votre maîtresse. Il est tout à fait inconvenant que les domestiques mâles sachent que les belles dames font usage de tels ustensiles ; et ne nettoyez pas le pot de chambre : l'odeur en est malsaine.

S'il vous arrive de casser quelque porcelaine avec le bout de la vergette, sur la cheminée ou sur le cabinet, ramassez les morceaux, rajustez-les aussi bien que possible, et mettez-les derrière le reste, afin que lorsque votre maîtresse viendra à les découvrir, vous puissiez dire en conscience qu'ils sont cassés depuis longtemps, avant votre entrée en service. Cela épargnera à votre maîtresse plusieurs heures de vexation.

Il arrive parfois qu'un miroir se casse de la même manière ; tandis que vous regardez d'un autre côté en faisant la chambre, le manche du balai frappe contre la glace et la met en pièces. C'est le plus grand de tous les malheurs, et sans remède en apparence, parce qu'il est impossible à cacher. Un funeste accident de ce genre arriva un jour dans une grande maison, où j'avais l'honneur d'être laquais, et j'en veux raconter les particularités, pour montrer l'adresse de la pauvre chambrière dans une circonstance si soudaine et si terrible, qui servira peut-être à stimuler votre esprit d'invention, si votre mauvaise étoile vous en fournit jamais une occasion semblable. La pauvre fille avait cassé, d'un coup de son balai, un miroir en laque, de grande valeur : elle n'eut pas réfléchi longtemps, que, par une prodigieuse présence d'esprit, elle ferma la porte à clef, descendit à la dérobée dans la cour, rapporta dans la chambre une pierre du poids de trois livres, la posa sur le foyer, juste au-dessous du miroir, puis cassa un carreau de la fenêtre à coulisse qui donnait sur cette même cour, puis ferma la porte et s'en alla à ses autres affaires. Deux heures après, la dame entre dans sa chambre, voit le miroir cassé, la pierre gisant au-dessous, et tout un carreau de la croisée détruit : de toutes ces circonstances elle conclut juste ce que la chambrière avait désiré : que quelque vagabond du voisinage, ou peut-être un des valets d'écurie, avait, par méchanceté, par accident ou par négligence, jeté la pierre et fait le dégât. Jusque-là tout allait bien, et la fille se croyait hors de danger. Mais son malheur voulut que, quelques heures après, arrivât le ministre de la paroisse, et naturellement la dame lui conta l'accident, qui, vous pouvez le penser, l'avait fort chagrinée. Le ministre, qui se trouvait savoir les mathématiques, après avoir examiné la position de la cour, la fenêtre, et la cheminée, convainquit bientôt la dame que la pierre n'aurait pu atteindre le miroir sans faire trois détours dans son vol, à partir de la main qui l'aurait lancée ; et comme il fut prouvé que la fille avait nettoyé la chambre le matin même, elle fut strictement interrogée, mais nia résolument être coupable, sur son salut, offrant de prêter serment sur la Bible, devant Sa Révérence, qu'elle était aussi innocente que l'enfant qui n'est pas né. Cependant la pauvre créature fut renvoyée, ce que je considère comme un dur traitement, vu son adresse ; mais ce doit être un avertissement pour vous, en pareil cas, d'inventer une histoire qui soit mieux combinée. Par exemple, vous pourriez dire que tandis que vous étiez à l'ouvrage avec une *mop* ou un balai, il est venu soudain à la fenêtre un éclair qui vous a presque aveuglée, que vous avez entendu immédiatement un bruit de verre cassé sur le foyer ; que dès que vous avez recouvré la vue, vous avez aperçu le miroir tout en pièces : ou vous pouvez alléguer que remarquant le miroir un peu couvert de poussière, et allant tout doucement pour l'essuyer, vous supposez que l'humidité de l'air avait dissous la colle ou le ciment, ce qui l'a fait tomber à terre ; ou bien, sitôt le malheur fait, vous pouvez couper les cordes qui retiennent le miroir à la boiserie, et le laisser tomber à plat, courir tout effrayée le dire à votre maîtresse, maudire le tapissier, et déclarer que peu s'en est fallu qu'il ne soit tombé sur votre tête. J'offre ces expédients dans le désir de défendre l'innocence, car certainement vous êtes innocente si vous n'avez pas cassé le miroir exprès, ce que je n'excuserais pour rien au monde, à moins de grands sujets d'irritation.

Huilez les pincettes, le poker et la pelle, jusqu'en haut, non seulement pour les préserver de la rouille, mais pour empêcher les touche-à-tout d'user le charbon de votre maître en attisant le feu.

Quand vous êtes pressée, balayez la poussière dans un coin de la chambre, mais laissez le balai dessus, afin qu'on ne la voie pas, car cela vous déshonorerait.

Ne lavez jamais vos mains, ni ne mettez un tablier propre, que vous n'ayez fait le lit de votre maîtresse, de peur de chiffonner votre tablier ou de resalir vos mains.

Quand vous mettez la barre des volets de la chambre de votre maîtresse, le soir, laissez les fenêtres ouvertes pour que l'air frais puisse entrer, et que la chambre soit purifiée le matin.

En même temps que vous laissez les fenêtres ouvertes, pour avoir de l'air, laissez les livres ou autres objets sur le rebord de la fenêtre, afin qu'ils puissent prendre l'air aussi.

Quand vous balayez la chambre de votre maîtresse, ne vous arrêtez jamais à ramasser les chemises, mouchoirs, barbes sales, pelotes, petites cuillers, rubans, pantoufles, ou quoi que ce soit qui se trouve sur votre chemin ; mais balayez le tout dans un coin, et alors vous pouvez le prendre d'un seul coup, et économiser le temps.

Faire les lits par la grande chaleur est une besogne fort pénible, et vous serez exposée à suer ; c'est pourquoi, quand vous voyez les gouttes vous tomber du front, essuyez-les à un coin du drap, afin qu'on ne les voie pas sur le lit.

Quand votre maîtresse vous envoie laver une tasse de porcelaine, et que la tasse tombe, rapportez-la et jurez que vous l'aviez à peine touchée qu'elle s'est brisée en trois morceaux : et ici je dois vous prévenir, aussi bien que tous vos camarades, que vous ne devez jamais être sans excuse ; cela ne fait pas de mal à votre maître, et cela atténue votre faute ; comme dans ce cas, je ne vous loue pas d'avoir cassé la tasse, mais il est certain que vous ne l'avez pas fait exprès, et il n'est pas impossible qu'elle se soit brisée dans votre main.

Vous avez quelquefois envie de voir un enterrement, une dispute, un homme qu'on va pendre, une noce, une entremetteuse attachée au cul d'une charrette, ou autre chose de ce genre ; lorsque la chose passe dans la rue, vous levez le châssis subitement, mais, par malheur, il ne veut pas bouger ; ce n'est pas votre faute : les jeunes filles sont curieuses de leur nature ; vous n'avez pas d'autre remède que de couper la corde, et de jeter la faute sur le menuisier, à moins que personne ne vous ait vue, et alors vous êtes aussi innocente qu'aucun domestique de la maison.

Portez la chemise de votre maîtresse, lorsqu'elle l'a quittée ; cela vous fera honneur, économisera votre linge, et ne lui fera pas tort d'une épingle.

Quand vous mettez une taie d'oreiller blanche au lit de votre maîtresse, ne manquez pas de la bien attacher avec de grosses épingles, afin qu'elle ne se défasse pas la nuit.

Quand vous faites des tartines de beurre pour le thé, ayez bien soin que tous les trous du pain restent pleins de beurre, afin de maintenir le pain humide pour le dîner ; et que la marque de votre pouce se voie seulement sur un bout de chaque tartine, afin de montrer votre propreté.

Quand on vous a ordonné d'ouvrir ou de fermer une porte, une malle ou un cabinet, et que vous n'avez pas la clef qu'il faut, ou que vous ne pouvez la distinguer dans le trousseau, essayez la première que vous pouvez fourrer dedans, et tournez-la de toute votre force, jusqu'à ce que la porte s'ouvre ou que la clef se brise, car votre maîtresse vous regarderait comme une sotte de revenir sans avoir rien fait.

Chapitre IX

Instructions à la femme de chambre

Deux incidents sont venus diminuer les agréments et les inconvénients de votre place : le premier est cette exécrable coutume adoptée par les dames de troquer leurs vieux habits contre de la porcelaine, ou d'en recouvrir les bergères, ou d'en faire des arlequinades pour écrans, tabourets, coussins, etc. La seconde est l'invention des coffrets et boîtes fermant à clef, où elles gardent le thé et le sucre, sans lesquels une femme de chambre ne saurait vivre ; car, de cette façon, vous êtes obligée d'acheter du sucre bis, et de verser de l'eau sur les feuilles lorsqu'elles ont perdu leur force et leur goût. Je ne trouve pas de remède parfait à ces deux maux. Quant au premier, je pense qu'il devrait y avoir une ligue générale de tous les domestiques de chaque maison pour le bien public, à l'effet d'interdire la porte à ces revendeurs de porcelaine ; et quant au dernier, il n'est pas d'autre moyen de vous tirer d'affaire qu'une fausse clef, ce qui est chose difficile et dangereuse ; mais, pour ce qui est de l'honnêteté du fait, je n'ai aucun doute, quand votre maîtresse vous fournit un si juste grief en vous refusant un profit ancien et légal. La marchande de thé peut bien vous en donner de temps à autre une demi-once, mais ce n'est là qu'une goutte d'eau dans le seau ; c'est pourquoi j'ai peur que vous ne soyez forcée, comme le reste de vos sœurs, d'en acheter à crédit, et de le payer sur vos gages, autant qu'ils peuvent s'étendre, ce que vous pouvez facilement compenser d'autre côté, si votre maîtresse est jolie, ou que ses filles aient de bonnes dots.

Si vous êtes dans une grande maison, et au service de madame, vous plairez probablement à mylord, quoique vous ne soyez pas moitié aussi bien que sa femme. En ce cas, ayez soin de tirer de lui autant que vous pouvez ; et ne lui permettez aucune liberté, pas même de vous serrer la main, à moins qu'il ne mette une guinée dedans ; ainsi, par degrés, faites-le payer en conséquence pour chaque nouvelle tentative, doublant en proportion des concessions que vous lui faites, et toujours vous débattant et menaçant de crier, ou de le dire à votre maîtresse, quoique vous receviez son argent : cinq guinées pour manier votre gorge, c'est vraiment donné, quoique vous sembliez résister de toutes vos forces ; mais ne lui accordez jamais les dernières faveurs à moins de cent guinées ou d'une rente viagère de vingt livres par an.

Dans une pareille maison, si vous êtes jolie, vous pouvez choisir entre trois amants : le chapelain, l'intendant, et le valet de chambre de mylord. Je vous conseillerai d'abord de faire choix de l'intendant ; mais s'il vous arrive d'être récemment grosse de mylord, il faut vous accommoder du chapelain. Le valet de chambre me plaît le moins des trois, car il est d'ordinaire vain et impertinent une fois qu'il a jeté bas sa livrée ; et s'il manque un grade dans l'armée, ou une place de douanier, il n'a pas d'autre ressource que le grand chemin.

Je dois vous mettre particulièrement en garde contre le fils aîné de mylord : si vous êtes assez adroite, il est à parier que vous pouvez amener le benêt à vous épouser, à faire de vous une lady ; si c'est un simple libertin (et il faut qu'il soit l'un ou l'autre), évitez-le comme Satan ; car il a moins peur de sa mère que mylord de sa femme, et après dix mille promesses, vous n'aurez de lui qu'un gros ventre ou une claque, et probablement tous les deux.

Quand votre maîtresse est malade, et, après une très mauvaise nuit, repose un peu le matin, si un laquais arrive avec un message, pour savoir comment elle va, que le compliment ne soit pas perdu ; mais secouez-la doucement jusqu'à ce qu'elle s'éveille ; et alors rendez le message, recevez sa réponse, et laissez-la dormir.

Si vous êtes assez heureuse pour être auprès d'une riche héritière, vous devez vous y prendre bien mal si vous n'attrapez pas cinq ou six cents livres pour disposer de sa main. Mettez-lui souvent dans l'esprit qu'elle a assez de fortune pour faire le bonheur de n'importe qui ; qu'il n'en est de véritable que dans l'amour ; qu'elle est libre de choisir qui bon lui semble, et sans l'avis de ses parents, qui ne font jamais la part d'une passion innocente ; qu'il y a quantité de beaux et charmants jeunes gens dans la ville, qui seraient ravis de mourir à ses pieds ; que la conversation de deux amoureux, c'est le ciel sur la terre ; que l'amour, comme la mort, égalise toute les conditions ; que si elle jetait les yeux sur un jeune homme au-dessous d'elle comme naissance et comme biens, le don de sa main ferait de lui un gentleman ; que vous avez vu hier sur le Mall le plus joli enseigne, et que si vous aviez quarante mille livres, elles seraient à son service. Ayez soin que chacun sache auprès de qui vous vivez ; quelle grande favorite vous êtes, et qu'on prend toujours votre avis. Allez souvent au parc de Saint-James ; les beaux garçons vous y découvriront bientôt et trouveront moyen de glisser une lettre dans votre manche ou dans votre sein : ôtez-la avec fureur et jetez-la par terre, à moins que vous n'y trouviez au moins deux guinées ; mais en ce cas, ayez l'air de ne pas les voir et de penser qu'on a voulu seulement badiner avec vous ; quand vous rentrez, laissez négligemment tomber la lettre dans la chambre de votre maîtresse ; elle la trouve ; elle se fâche : protestez que vous n'en saviez rien ; seulement vous vous souvenez qu'un monsieur, dans le parc, à tâché de vous prendre un baiser, et vous croyez que c'est lui qui aura mis la lettre dans votre manche ou dans votre corsage, et vraiment c'était un aussi joli homme que vous en ayez jamais vu ; après cela, elle peut brûler la lettre si elle veut. Si votre maîtresse est une fille d'esprit, elle brûlera quelque autre papier devant vous, et lira la lettre quand vous serez descendue. Vous devez continuer ce manège aussi souvent que vous pourrez le faire en sûreté ; mais que celui qui vous paie le mieux à chaque lettre soit le plus bel homme. Si un laquais ose vous apporter une lettre à la maison, afin que vous la remettiez à votre maîtresse, quand elle viendrait de votre meilleure pratique, jetez-la à sa tête, traitez-le d'impudent drôle et de gredin, et fermez-lui la porte au nez ; montez vite chez votre maîtresse, et, comme preuve de votre fidélité, racontez-lui ce que vous avez fait.

Je pourrais m'étendre beaucoup sur ce sujet, mais je me fie à votre jugement.

Si vous servez une dame qui soit un peu disposée à la galanterie, vous verrez qu'il faudra apporter une grande prudence dans votre conduite. Trois choses sont nécessaires à savoir : la première, comment plaire à votre maîtresse ; la deuxième, comment prévenir les soupçons du mari ou de sa maison ; et enfin, mais surtout, comment faire tourner la chose à votre plus grand avantage. Vous donner des instructions complètes dans cette importante affaire exigerait un gros volume. Tous les rendez-vous à domicile sont dangereux, tant pour votre maîtresse que pour vous-même ; c'est pourquoi faites en sorte, autant que possible, de les avoir chez un tiers, particulièrement si votre maîtresse, comme il y a cent à parier contre un, a plusieurs amants dont chacun est souvent plus jaloux que mille maris ; et de très fâcheuses rencontres peuvent souvent avoir lieu, malgré toute l'habileté du monde. Je n'ai pas besoin de vous avertir d'employer surtout vos bons offices en faveur de ceux que vous trouvez les plus généreux : cependant, si votre maîtresse vient à jeter les yeux sur un beau laquais, vous devez être assez désintéressée pour lui procurer cette fantaisie, qui n'est pas une bizarrerie, mais un appétit très naturel ; c'est encore la moins périlleuse de toutes les intrigues à domicile, et c'était jadis la moins soupçonnée, jusqu'à ce que de nos jours elle devînt plus commune. Le grand danger est que ces messieurs, qui ne sont pas très difficiles dans leurs relations, peuvent bien ne pas être très sains, et alors, votre maîtresse et vous, vous voilà dans une mauvaise passe, quoique pas tout à fait désespérée.

Mais à vrai dire, je confesse que c'est une grande présomption à moi de vous offrir des instructions sur la manière dont vous devez conduire les amours de votre maîtresse, point sur lequel tout votre corps est déjà si expert et si profondément instruit, quoique votre rôle soit bien plus difficile que celui joué par mes frères les laquais vis-à-vis de leurs maîtres en pareille occasion : c'est pourquoi je laisse à quelque plume plus habile le soin de traiter cette affaire.

Quand vous serrez une robe ou une coiffure de dentelle dans une caisse ou un coffre, laissez-en passer un bout, afin, quand vous rouvrez le coffre, de savoir où la trouver.

Chapitre X

Instructions à la fille de service

Si votre maître et votre maîtresse vont à la campagne pour une semaine ou plus, ne lavez la chambre à coucher ou la salle à manger que juste une heure avant celle où vous attendez leur retour : de cette façon, les chambres seront parfaitement propres pour les recevoir, et vous n'aurez pas la peine de les relaver si tôt.

Je suis très irrité contre ces dames qui sont si fières et si paresseuses qu'elles ne se donnent pas la peine d'aller au jardin cueillir une rose, mais tiennent un odieux meuble, parfois dans leur chambre même, ou du moins à côté dans un cabinet sombre, pour s'en servir à soulager leurs pires besoins ; et vous êtes habituellement chargée d'emporter le vase, qui rend non seulement la chambre, mais leurs habits même, très désagréables à tous ceux qui en approchent. Or, pour les guérir de cette horrible habitude, laissez-moi vous donner, à vous dont c'est l'office d'emporter cet ustensile, le conseil de le faire ouvertement par le grand escalier, et en présence du laquais ; et si quelqu'un frappe, d'ouvrir la porte de la rue tandis que vous avez le vase plein dans les mains ;

cela, si quelque chose en est capable, fera prendre à votre maîtresse la peine de faire ses évacuations dans le lieu qui convient, plutôt que d'exposer ses vilenies aux regards de tous les hommes de la maison.

Laissez un seau d'eau sale avec une *mop* dedans, une boîte à charbon, une bouteille, un balai, un pot de chambre et autres choses désagréables à voir, soit dans un passage obscur ou sur la partie la plus sombre de l'escalier de derrière, afin qu'on ne les voie pas ; et si les gens se rompent les jambes en marchant dessus, c'est leur faute.

Ne videz jamais les pots de chambre qu'ils ne soient pleins ; si cela arrive le soir, videz-les dans la rue ; si c'est le matin, dans le jardin, car ce serait à n'en pas finir que d'aller une douzaine de fois des mansardes et des chambres d'en haut à l'arrière cour ; mais ne les lavez jamais que dans leur propre liquide : quelle fille aimant la propreté voudrait barboter dans l'urine d'autrui ? Et d'ailleurs, cette sorte d'odeur, ainsi que je l'ai déjà fait observer, est admirable contre les vapeurs, et il y a cent à parier contre un que votre maîtresse en a.

Enlevez les toiles d'araignées avec un balai humide et sale, ce qui fera qu'elles s'y attacheront mieux, et que vous les ferez tomber plus complètement.

Quand vous nettoyez la cheminée du parloir, le matin, jetez les cendres de la veille dans un tamis, et ce qui passera à travers, en le descendant, sablera les chambres et l'escalier.

Quand vous avez récuré les cuivres et fers de la cheminée du parloir, posez le torchon sale et mouillé sur la chaise voisine, afin que votre maîtresse voie que vous n'avez pas négligé votre ouvrage ; observez la même règle quand vous nettoyez les serrures de cuivre, seulement avec cette addition de laisser les marques de vos doigts sur les portes, pour montrer que vous n'avez rien oublié.

Laissez toute la journée le pot de chambre de votre maîtresse prendre l'air sur sa fenêtre.

Ne montez que de gros morceaux de charbon de terre dans la salle à manger et dans la chambre de votre maîtresse : ils font le meilleur feu, et si on les trouve trop gros, il est aisé de les casser sur le marbre de la cheminée.

Quand vous vous couchez, prenez bien garde au feu : soufflez donc sur la chandelle, puis fourrez-la sous votre lit. *Nota.* L'odeur de la mouchure est très bonne contre les vapeurs.

Persuadez au laquais qui vous a engrossée de vous épouser avant les six premiers mois ; et si votre maîtresse vous demande pourquoi vous avez pris un garçon qui n'a pas un sou vaillant, que votre réponse soit : Service d'autrui n'est pas un héritage.

Quand le lit de votre maîtresse est fait, mettez le pot de chambre dessous, mais de façon à y prendre aussi les pentes, afin qu'il soit bien en vue, et à la disposition de votre maîtresse quand elle en aura besoin.

Enfermez un chat ou un chien dans quelque chambre ou cabinet, de façon à faire un tel bruit dans toute la maison que les voleurs en soient effrayés si quelqu'un d'eux tentait de s'y introduire par ruse ou par force.

Quand vous lavez le soir une des chambres de devant, jetez l'eau sale par la porte de la rue ; mais ayez soin de ne pas regarder devant vous, de peur que ceux que vous éclaboussez ne vous accusent d'impolitesse, et de l'avoir fait exprès. Si la victime casse les carreaux par vengeance, et que votre maîtresse vous réprimande et vous donne l'ordre positif de descendre le seau et de le vider dans le puisard, vous avez une ressource facile : quand vous lavez une chambre d'en haut, descendez le seau de façon que l'eau dégoutte tout le long de l'escalier jusqu'à la cuisine ; non seulement votre charge en sera plus légère, mais vous convaincrez votre maîtresse qu'il vaut mieux jeter l'eau par les fenêtres ou par la porte de la rue ; outre qu'il sera très divertissant pour vous et pour la maison, un soir qu'il gèlera, de voir une centaine de personnes sur leur nez ou sur leur cul, devant votre porte, quand l'eau sera prise.

Polissez et faites reluire les foyers et cheminées de marbre avec un torchon trempé dans la graisse : rien ne les fait aussi bien briller ; et c'est aux dames à prendre soin de leurs jupes.

Si votre maîtresse est assez recherchée pour vouloir que la chambre soit récurée avec du grès, ne manquez pas de laisser les marques du grès à six pouces de haut tout autour du bas de la boiserie, afin que votre maîtresse voie que vous avez obéi à ses ordres.

Chapitre XI

Instructions à la fille de laiterie

Fatigue de faire le beurre : mettez de l'eau bouillante dans la baratte, quoique en été, et battez tout près du feu de la cuisine, et avec une crème vieille de huit jours. Gardez-la fraîche pour votre bon ami.

Chapitre XII

Instructions à la bonne d'enfant

Si un enfant est malade, donnez-lui tout ce qu'il veut manger ou boire, quoique le docteur l'ait expressément défendu ; car ce dont nous avons envie étant malades doit nous faire du bien, et jetez la médecine par la fenêtre : l'enfant vous en aimera mieux ; mais recommandez-lui de ne pas le dire. Faites de même pour votre maîtresse lorsqu'elle désire quelque chose étant malade, et affirmez que cela lui fera du bien.

Si votre maîtresse vient à la chambre des enfants, et veut en fouetter un, arrachez-lui les verges de la main avec fureur et dites-lui qu'elle est la plus cruelle mère que vous ayez jamais vue ; elle grondera, mais vous en aimera mieux. Racontez aux enfants des histoires de revenants, quand ils font mine de crier, etc.

Ayez soin de sevrer les enfants, etc.

Chapitre XIII

Instructions à la nourrice

S'il vous arrive de laisser tomber l'enfant, et de l'estropier, ayez soin de ne pas l'avouer ; et s'il meurt, tout est sauvé.

Faites en sorte d'être grosse aussitôt que possible tandis que vous nourrissez, afin d'être prête pour une autre place lorsque l'enfant meurt ou est sevré.

Chapitre XIV

Instructions à la blanchisseuse

Si vous roussissez le linge avec le fer, frottez la place avec de la farine, de la craie ou de la poudre blanche ; et si rien n'y fait, lavez-la jusqu'à ce qu'on n'y voie plus rien ou qu'elle soit en lambeaux.

Pour ce qui est de déchirer le linge en savonnant : quand votre linge est épinglé sur la corde ou sur une haie, et qu'il pleut, enlevez-le bien vite, dussiez-vous le déchirer, etc. Mais l'endroit pour l'étendre est sur de jeunes arbres à fruit, particulièrement dans la floraison : le linge ne peut s'y déchirer, et les arbres le parfument agréablement.

Chapitre XV

Instructions à la femme de charge

Vous devez toujours avoir un laquais favori sur lequel vous puissiez compter ; et ordonnez-lui de faire bien attention quand on enlève le second service, afin qu'il soit mis en sûreté dans votre office, et que vous puissiez, l'intendant et vous, avoir un petit régal.

Chapitre XVI

INSTRUCTIONS À L'INSTITUTRICE OU GOUVERNANTE

DITES QUE LES ENFANTS ont mal aux yeux ; que miss Betty ne veut pas mordre à son livre ; etc.

Faites lire aux deux miss des romans français et anglais, toutes les comédies écrites sous Charles II et le roi Guillaume, pour adoucir leur nature, et leur donner de la sensibilité ; etc.

Lettre d'avis à un jeune poète

et Proposition pour l'encouragement de la poésie en Irlande

Sic honor et nomen divinis vatibus atque
Carminibus venit.

HORACE[1].

1. « Telle fut l'origine des honneurs et du caractère divin attribués au poète », Horace, *Art poétique*, v. 400, dans *Œuvres*, trad. François Richard, GF-Flammarion, 1967, p. 269.

1er décembre 1790.

MONSIEUR, de même que j'ai toujours professé de l'amitié pour vous, et qu'en conséquence je me suis plus informé de votre conduite et de vos études qu'il n'est agréable d'ordinaire aux jeunes gens, je dois avouer aussi que je ne suis pas médiocrement charmé d'apprendre, par votre dernière lettre, que vous avez tourné toutes vos idées vers la poésie anglaise, ayant dessein d'en faire votre profession et votre carrière. Deux raisons me poussent à vous encourager à cette étude : l'une, l'exiguïté de vos ressources présentes ; l'autre, la grande utilité de la poésie pour le genre humain et la société, et dans toutes les occupations de la vie. À ces points de vue, je ne puis que louer votre sage résolution de renoncer de si bonne heure aux autres stériles et sévères études, et de vous consacrer à celle qui, si vous avez du bonheur, avancera votre fortune, et fera de vous l'ornement de votre famille et de votre pays. Ce doit être pour vous une justification et un encouragement de considérer que l'histoire ancienne ou moderne ne peut vous fournir l'exemple d'une seule personne, ayant marqué dans aucune position, qui n'ait été, jusqu'à un certain point, versée dans la poésie, ou du moins bien disposée envers ceux qui la professent ; et je ne désespérerais pas de prouver, si j'étais légalement appelé à le faire, qu'il est impossible d'être bon soldat, théologien ou homme de loi, ou même éminent crieur public ou chanteur des rues, sans quelque goût pour la poésie, et un certain talent de versification ; mais j'en dirai d'autant moins là-dessus, que le célèbre sir P. Sidney a épuisé le sujet avant moi, dans sa défense de la poésie, dont je me bornerai à dire, pour toute remarque, qu'il raisonne comme s'il croyait réellement ce qu'il dit.

Pour ma part, n'ayant jamais fait un seul vers depuis les bancs de l'école, où je souffris trop de mes bévues en poésie pour en avoir eu le goût depuis, je ne suis point en état, par ma propre expérience, de vous donner les instructions que vous désirez, et je ne proclamerai pas (car j'aime à cacher mes passions) combien je regrette d'avoir négligé la poésie à cette époque de ma vie où j'avais le plus de chances de faire des progrès dans cette brillante partie de l'éducation : d'ailleurs mon âge et mes infirmités m'excuseraient suffisamment à vos yeux de ne pouvoir être votre maître d'écriture, avec une main tremblante et des lunettes sur le nez. Cependant, afin de ne pas vous faire entièrement défaut dans une affaire de cette importance pour votre réputation et votre bonheur, je vais vous offrir ici quelques pensées détachées sur ce sujet, telles que je les ai recueillies en lisant et en observant.

Il est certain petit instrument, le premier de ceux en usage parmi les écoliers, et le moindre, à en considérer les matériaux, que ce soit un chalumeau de paille (l'ancienne flûte arcadienne), ou juste trois pouces de mince fil de métal, ou une plume ébarbée, ou une grosse épingle. De plus, ce tout petit instrument, pour ce qui est de sa posture, repose ordinairement sa tête sur le pouce de la main droite, soutient l'index sur sa poitrine, et est lui-même supporté par le second doigt. C'est ce qu'on appelle une touche ; je veux bien être ici, pour vous, ce petit guide élémentaire, et vous indiquer quelques particularités qui peuvent vous être utiles dans votre abécédaire de poésie.

En premier lieu, je ne suis pas convaincu qu'il soit du tout nécessaire, pour un poète moderne, de croire en Dieu, ou d'avoir aucun sentiment sérieux de religion, et sur cet article vous me permettrez de suspecter votre capacité ; parce que la religion étant ce que votre mère vous a enseigné, il ne vous sera guère possible de surmonter tout d'un coup ces préjugés d'enfance, au point de croire qu'il vaille mieux être un bel esprit qu'un bon chrétien, quoique en cela la pratique générale soit contre vous ; de façon que si, après examen, vous trouvez en vous de telles faiblesses, dues à la nature de votre éducation, mon avis est que vous laissiez là aussitôt votre plume, comme n'ayant plus rien à faire avec elle en fait de poésie ; à moins de vous résigner à passer pour un insipide, ou de consentir à être hué par vos confrères, ou de pouvoir déguiser votre religion, comme les hommes bien élevés déguisent leur savoir, par complaisance pour la compagnie.

Car la poésie, telle qu'elle est traitée depuis quelques années par ceux qui en font métier (et je ne parle que de ceux-ci, n'appelant pas poète celui qui écrit pour son plaisir, pas plus que je n'appelle un violon celui qui s'amuse à jouer de cet instrument), notre poésie, dis-je, s'est, dans ces derniers temps, tout à fait dégagée des étroites idées de vertu et de piété, parce qu'il a été reconnu par nos professeurs, que la plus petite dose de religion, comme une seule goutte de bière dans du claret, troublerait et décomposerait le plus brillant génie poétique.

La religion suppose le ciel et l'enfer, la parole de Dieu, et les sacrements, et vingt autres circonstances qui, prises au sérieux, sont de merveilleuses entraves au bel esprit et à la gaieté, et telles qu'un vrai poète ne les saurait admettre, sous réserve de sa licence poétique ; mais encore est-il nécessaire pour lui que les autres croient sérieusement à ces choses, afin que son esprit puisse s'exercer à leurs dépens pour ce fait ; car bien qu'un bel esprit n'ait pas besoin d'avoir de la religion, la religion est nécessaire à un bel esprit, comme sert un instrument à la main qui en joue ; et à ce sujet, les modernes allèguent l'exemple de leur grande idole Lucrèce, qui n'eût pas été un poète aussi éminent de moitié qu'il l'était réellement, s'il n'avait eu le pied sur la religion, *religio pedibus subjecta* [1], et, grâce à cette élévation, n'avait eu l'avantage sur tous les poètes de son temps et des âges suivants, qui n'étaient pas montés sur le même piédestal.

1. « La religion est soumise [à son tour], piétinée », Lucrèce, *De la nature*, I, v. 79, trad. José Kany-Turpin, GF-Flammarion, 1997, p. 57.

D'ailleurs, il est encore à observer que Pétrone, un autre de leurs favoris, parlant des qualités d'un bon poète, insiste particulièrement sur le *liber spiritus* ; expression sur laquelle j'ai été assez ignorant jusqu'ici pour supposer qu'il entendait une bonne invention, ou une grande portée d'esprit, ou une vive imagination ; mais l'opinion et la pratique des modernes m'ont enseigné une meilleure interprétation, et la prenant à la lettre pour un *esprit libre*, c'est-à-dire un esprit ou intelligence libre ou dégagé de tous préjugés au sujet de Dieu, de la religion et d'un autre monde, cela m'explique parfaitement pourquoi les poètes de notre époque sont et se croient obligés d'être libres penseurs.

Mais quoique je ne puisse m'appuyer, pour recommander la religion, sur la pratique de quelques-uns de nos plus éminents poètes anglais, je n'en suis pas moins en droit de vous conseiller, d'après leur exemple, d'être versé dans les Écritures et de les posséder tout à fait, s'il est possible : en cela je ne pense à rien moins qu'à vous imposer un devoir de piété. Loin de moi l'idée de vous engager à y croire ou de faire grand cas de leur autorité : là-dessus, vous pouvez faire ce que vous jugerez convenable ; mais je vous engage à les lire comme une chose nécessaire pour meubler la tête d'un bel esprit et d'un poète, ce qui est un tout autre point de vue que celui d'un chrétien ; car j'ai fait la remarque que les beaux esprits par excellence ont été les meilleurs textuaires : nos poètes modernes sont tous, jusqu'au dernier, presque aussi versés dans les Écritures que quelques-uns de nos théologiens, et souvent abondent plus en citations. Ils les ont lues en historiens, en critiques, en musiciens, en comiques, en poètes, et de toute autre manière, excepté en hommes religieux, et ont trouvé leur compte à le faire ; car les Écritures sont indubitablement une source d'esprit et une matière à esprit. Vous pouvez donc, conformément à la pratique moderne, en faire à leurs dépens ou en tirer d'elles ; et, à vrai dire, sans elles je ne sais pas où nos faiseurs de pièces de théâtre prendraient leurs images, allusions, comparaisons, exemples ou même leur langage. Fermez les livres saints et je gage que notre esprit descendrait comme un réveille-matin ou dégringolerait comme ont fait les fonds, et que ce serait la ruine de la moitié des poètes de ces royaumes. Et si tel était le cas, combien les écrivains de cette catégorie (tous, je pense, excepté l'immortel Addison, qui a fait un meilleur usage de sa Bible, et quelques autres), qui ont si largement fait ce commerce, se réjouiraient de s'en être retirés à temps et d'avoir laissé la présente génération de poètes en être la dupe.

Mais ici je dois vous prémunir, et vous prier de prendre garde que dans ce conseil de lire les Écritures, je n'ai pas tenu compte le moins du monde de votre aptitude sous ce rapport à entrer dans les ordres poétiques ; ce que je mentionne parce que je trouve une idée de cette espèce mise en avant par un de nos poètes anglais, et soutenue, je suppose, par le reste. Il dit à Spenser, dans une prétendue vision :

« M'imposant les mains, ordonnez-moi et me rendez propre à la grande *cure* et au ministère de l'esprit. »

Passage qui dans mon opinion est une allusion notable aux Écritures ; et qui, en ne faisant qu'une part raisonnable à la petite circonstance de l'impiété qui touche de près au blasphème, est d'une beauté inimitable ; outre certaines découvertes utiles qui s'y trouvent, à savoir qu'il y a des évêques en poésie, que ces évêques doivent ordonner les jeunes poètes, et cela en leur imposant les mains ; et que la poésie est une cure d'âmes, et que par conséquent ceux qui ont de telles cures devraient être poètes et trop souvent le sont ; et en effet, comme jadis poète et prêtre étaient une seule et même fonction, l'alliance de ces ministères se maintient heureusement jusqu'à ce jour dans les mêmes personnes ; et c'est là, je suppose, la seule raison plausible de cette appellation qu'ils affectionnent si fort, je veux parler du titre modeste de poètes divins. Quoi qu'il en soit, n'ayant jamais été présent à la cérémonie de l'ordination des prêtres de la poésie, j'avoue n'avoir aucune notion du fait, et j'en parlerai d'autant moins ici.

Les Écritures donc étant généralement la source et le sujet du bel esprit moderne, je n'ai pu moins faire que de leur donner la préférence dans vos lectures. Après vous en être parfaitement imbu, je vous conseillerais de tourner vos pensées vers la littérature profane, ce que je dis pourtant plutôt par condescendance pour les opinions reçues que par conviction personnelle.

Car, vraiment, rien ne m'a plus surpris que de voir les préjugés des hommes au sujet de cette érudition profane, lesquels croient généralement qu'il est nécessaire d'être lettré pour être un bon poète, ce qui est la chose la plus fausse du monde en réalité, et la plus contraire à l'usage et à l'expérience. Je n'entrerai pas non plus en discussion si quelqu'un entreprend de me montrer un poète de profession, en chair et en os, qui soit le moins du monde ce qui peut s'appeler justement lettré, ou qui soit plus mauvais poète pour cela, s'il n'en est meilleur, pour être si peu encombré d'érudition pédantesque. Il est vrai que le contraire était l'opinion de nos aïeux, que nous autres de ce siècle avons assez de foi pour accepter sans examen, telle qu'ils nous la donnent, mais sans avoir assez de sens pour reconnaître la grossièreté de leur erreur. Ainsi Horace nous dit :

> *Scribendi recte sapere est et principium et fons ;*
> *Rem tibi Socraticæ poterunt ostendere chartæ* [1].
>
> HORACE

Mais voyez comme les têtes des hommes diffèrent ; quelques-uns, qui ne sont pas inférieurs en intelligence à ce poète (si vous les en voulez croire sur parole), ne voient aucune conséquence dans cette règle, et n'ont pas honte de se déclarer d'une opinion contraire. Beaucoup de gens ne passent-ils pas pour bien écrire, qui n'ont rien de ce principe ? Beaucoup de gens sont trop sensés pour être poètes, et d'autres trop poètes pour être sensés. Il ferait beau qu'un homme ne pût être poète à moins d'être philosophe, lorsqu'il est évident que quelques-uns des plus grands idiots de notre époque sont nos plus agréables virtuoses en ce genre ! et là-dessus j'en appelle au jugement et à l'observation du genre humain. La notable remarque de sir P. Sidney sur cette nation n'est pas mauvaise à mentionner ici. Il dit : « Chez notre voisine, l'Irlande, où le vrai savoir va quasi nu, les poètes

1. « La raison, voilà le principe et la source de l'art d'écrire :/ Tu trouveras les idées dans la philosophie de Socrate », Horace, *Art poétique*, v. 309-310, dans *Œuvres, op. cit.*, p. 267.

cependant sont en grande vénération. » Ce qui montre que le savoir n'est nullement nécessaire soit pour faire un poète, soit pour le juger. Et de plus, voyez la destinée des choses, quoique le savoir ici aille plus nu que jamais, nos poètes n'y sont plus, comme autrefois, en grande admiration, mais bien la race la plus méprisable peut-être qui soit dans ce royaume, ce qui n'est pas moins étonnant que déplorable.

Quelques-uns des anciens philosophes étaient poètes, comme l'étaient Socrate et Platon, suivant l'auteur susmentionné, ce que, toutefois, j'ignorais jusqu'ici ; mais cela ne dit pas que tous les poètes soient, ou qu'aucun d'eux ait besoin d'être, philosophes, autrement que ne le sont ceux qui ont les coudes un peu percés. En ce sens, le grand Shakespeare aurait pu être un philosophe ; mais il n'était pas lettré, et pourtant c'était un excellent poète. Je ne crois pas non plus qu'un très judicieux critique se soit autant trompé que d'autres le pensent, en avançant récemment cette opinion que « Shakespeare eût été moins poète, s'il eût été plus lettré » ; et sir W. Davenant est un autre exemple du même genre. Et il ne faut pas oublier que Platon était l'ennemi déclaré des poètes ; ce qui est, peut-être, la raison pour laquelle les poètes ont toujours été en hostilité avec sa profession, et ont rejeté toute érudition et toute philosophie. Selon ma façon de voir, la philosophie, ou toute autre partie de la science, n'est pas plus nécessaire à la poésie (qui, à en croire le même auteur, est « le résumé de toutes les connaissances ») que de connaître la théorie de la lumière et ses diverses proportions et modifications en couleurs particulières ne l'est à un bon peintre.

Tandis donc que certain auteur, nommé Petronius Arbiter, tombant dans la même erreur, a déclaré avec assurance qu'un ingrédient d'un bon poète est *mens ingenti litterarum flumine inundata*[1], je déclare moi, au contraire, que son assertion (pour en parler dans les termes les plus doux) n'est qu'une odieuse et déloyale attaque contre Messieurs les poètes de ce temps ; car, avec sa permission, un déluge ou une inondation est bien loin d'être indispensable ; et il est positivement à ma connaissance que quelques-uns de nos plus beaux esprits dans le genre poétique n'ont pas de savoir réel de quoi couvrir un sixpence au fond d'une cuvette ; et je n'en ai pas plus mauvaise opinion d'eux, car, s'il faut dire mon sentiment privé, je suis pour que chacun travaille sur ses propres matériaux, et ne produise que ce qu'il peut trouver en lui-même, ce qui est communément un meilleur fonds que ne le croit le propriétaire. Je pense que les fleurs de l'esprit devraient sortir, comme font celles des jardins, de leurs propres racines et tiges, sans assistance étrangère. Je voudrais que l'esprit d'un homme ressemblât plus à une source, qui s'alimente invisiblement, qu'à une rivière, qui se grossit de divers cours d'eau étrangers.

Ou, s'il est nécessaire, comme c'est le cas pour quelques esprits stériles, d'emprunter les pensées des autres pour pouvoir mettre en jeu les leurs, pareils à des pompes à sec qui ne veulent pas jouer qu'on n'ait jeté de l'eau dedans, dans cette nécessité, je vous recommanderais, comme lecture, en tant que poète et bel esprit, quelques-uns des

1. « L'intellect [...] fertilisé par le fleuve du Bien-Dire », Pétrone, *Satyricon*, chap. CXVIII, trad. Laurent Tailhade, GF-Flammarion, 1981, p. 214.

auteurs modèles de l'Antiquité ; parce que, étant semblable aux singes qui cherchent de la vermine dans la tête de leurs maîtres, vous trouverez qu'ainsi que dans le bon vieux fromage, c'est dans les bons vieux auteurs que les vers abondent, et non dans les nouveaux ; et pour cette raison vous devez avoir souvent dans les mains les classiques, surtout ceux qui sont le plus mangés des vers.

Mais avec cette précaution que vous n'en userez pas envers ces anciens comme de jeunes malheureux en usent envers leurs vieux pères, ne se faisant pas conscience de leur vider les poches et de les piller. Votre affaire n'est pas de les voler, mais de les mettre à profit, et de vous approprier leurs idées, ce qui est l'effet d'un grand jugement, et, quoique difficile, cependant fort possible, sans encourir la honteuse imputation de filouterie ; car je crois humblement que, bien que j'allume ma chandelle au feu de mon voisin, cela ne détériore pas sa propriété, et ne fait pas que la mèche, la cire, ou la flamme, ou toute la chandelle en soient moins à moi.

Il se peut que vous regardiez comme une tâche fort rude d'arriver à une connaissance suffisante de tous les anciens qui excellent en leur genre ; et en effet il en serait réellement ainsi sans la courte et facile méthode, récemment découverte, des extraits, abrégés, sommaires, etc., qui sont d'admirables expédients pour être très instruit avec peu ou point de lecture, et ont la même utilité que les miroirs ardents, pour concentrer les rayons d'esprit et de savoir épars dans les auteurs, et les darder, dans toute leur chaleur et leur vitesse, sur l'imagination du lecteur. Et à cela se rapporte de très près cette autre invention moderne de consulter les index, ce qui est lire les livres à la façon des Hébreux, en commençant par la fin. Et c'est raccourcir le chemin qui mène à la connaissance des auteurs ; car il faut traiter les auteurs comme les homards, chercher le meilleur dans la queue, et remettre le corps au plat. Les plus adroits voleurs (et qu'est-ce que les lecteurs qui ne lisent que pour emprunter, c'est-à-dire pour voler ?) ont l'habitude de couper votre portemanteau derrière vous, sans s'amuser à fouiller dans vos poches. Enfin, c'est ce qu'on vous enseigne dans les éléments même de la philosophie ; car une des plus belles règles de la logique est *finis est primus in intentione* [1].

Le monde savant est donc grandement redevable à la peine prise dernièrement par un judicieux éditeur des classiques, qui a travaillé dans cette nouvelle voie avec un bonheur extrême. Grâce à sa combinaison, chaque auteur sue sous son propre poids, étant surchargé de son propre index, et, comme un colporteur du Nord, il apporte tout son avoir et tout son mobilier sur son dos, avec une tout aussi grande variété de colifichets. Que tous les jeunes étudiants lui adressent leurs compliments pour tout le temps et la peine qu'il leur épargne à la poursuite des connaissances utiles ; car quiconque raccourcit une route est un bienfaiteur du public et de chaque personne particulière qui a occasion de voyager par là.

Mais poursuivons. Je n'ai rien regretté plus dans mon temps que de voir tomber en désuétude les ingénieux petits jeux qui étaient de mode dans mon enfance, et auxquels était certainement due la grande facilité de

1. « La fin est première dans l'intention. »

composition qui distinguait cette époque de la nôtre ; et si quelque chose a refroidi pour la versification de nos jours, nous n'avons pas besoin d'en aller chercher plus loin la cause. Si donc on pouvait ressusciter ces jeux, je suis d'avis que le parti le plus sage serait de s'y appliquer et de ne jamais manquer de prendre part quand on pourrait à ces utiles distractions. Par exemple, les bouts rimés sont d'une utilité extraordinaire pour bien rimer, et la rime est ce que j'ai toujours considéré comme l'essence même d'un bon poète ; et je ne suis pas seul de cet avis, car le susdit sir P. Sidney a déclaré « que la vie principale de la versification moderne consiste dans cette similitude de sons qu'on appelle rime », ce qui est une autorité au-dessus de toute critique. C'est pourquoi vous devez toujours vous assurer de la bonté d'un poème comme de celle d'un pot de terre, et s'il sonne bien sous le doigt, soyez sûr qu'il est sans défaut. Le vers sans la rime est un corps sans âme (car « la vie principale consiste dans la rime ») ou une cloche sans battant ; ce qui, strictement, n'est pas une cloche, n'étant d'aucun usage ni agrément. Et le même à jamais honoré chevalier, doué d'une oreille si musicale, avait cette vénération pour la sonorité et le carillon du vers, qu'il parle d'un poète comme d'un homme qui a « le titre révéré de rimeur ». Notre célèbre Milton a fait à ces nations-ci un grand tort en particulier, ayant gâté autant de révérés rimeurs, par son exemple, qu'il a fait de véritables poètes.

C'est pourquoi je suis ravi d'apprendre que, dans cette ville, un jeune homme de beaucoup de mérite a conçu l'utile projet (pour lequel on ne saurait trop le louer) d'orner de rimes *Le Paradis perdu* de Milton, ce qui rendra ce poème, dont c'est le seul défaut, plus héroïque et plus sonore qu'il n'a été jusqu'ici. Je souhaite le succès de son entreprise ; et comme il n'est pas d'œuvre à laquelle un jeune homme puisse mieux s'employer, ou se faire voir sous un jour plus avantageux pour sa réputation, je suis fâché qu'elle ne vous soit point échue en partage.

Dans la même vue, je vous recommanderais le spirituel jeu des peintures et des devises, qui meubleront votre imagination d'un grand assortiment d'images et de légendes assorties. Nous autres de ces royaumes, nous avons trouvé notre compte à ces distractions, si peu que nous le pensions ou le reconnaissions ; car c'est à cela que nous devons le remarquable bonheur qui nous distingue dans les devises de bagues et de tabatières, les facéties des enseignes, avec leurs élégantes inscriptions, etc., espèces de productions dans lesquelles aucune nation au monde, pas même les Hollandais, n'oserait rivaliser avec nous.

Pour la même raison, il vous convient fort de donner quelque attention au jeu des rapports, qui est d'une très grande utilité pratique pour stimuler les lentes capacités, et activer encore les plus vives ; mais son but principal est de fournir à l'esprit une foule de comparaisons pour toute espèce de sujets. Je vous enseignerai à établir des rapports entre des choses qui n'ont pas la moindre conformité dans la nature : ce qui est à proprement parler une création, et l'affaire même du poète, comme son nom l'implique ; et permettez-moi de vous dire qu'un bon poète ne peut pas plus se passer d'un assortiment de comparaisons, qu'un cordonnier de ses formes.

Il doit les avoir échelonnées, rangées et accrochées dans sa boutique, prêtes pour toutes les pratiques, et adaptées aux pieds de toutes les sortes de vers ; et ici je pourrais plus amplement (et je brûle de le faire) insister sur la merveilleuse harmonie et ressemblance qui existe entre un poète et un cordonnier, dans beaucoup de circonstances qui leur sont communes à tous deux : la façon dont leur front est ceint ; la matière sur laquelle ils travaillent, et leur habitude de tailler et rogner, etc., n'était que je ne veux point me jeter dans des digressions, ni avoir l'air de badiner dans un sujet si sérieux.

Or, je dis que si vous vous appliquez à ces petits jeux (sans parler de plusieurs autres aussi ingénieux, tels que les propos interrompus, les questions et les réponses, et autres), vous ne vous figurez pas quel bénéfice (de nature) vous en retirerez, et comme ils vous ouvriront l'imagination. Consacrez-leur vos moments disponibles, ou plutôt disposez de tous vos moments en leur faveur, et alors vous agirez comme il convient à un homme sensé, et ferez de vos distractions mêmes un moyen de perfectionnement ; ainsi que fait l'inimitable abeille qui s'acquitte à la fois de toute la besogne de la vie, et tout ensemble se nourrit, travaille et se divertit.

Votre propre prudence, je n'en doute pas, vous portera à prendre place chaque soir parmi les gens de mérite, dans le coin de certain café de cette ville, où vous vous façonnerez également bien sous le rapport de l'esprit, de la religion et de la politique, et aussi à fréquenter la comédie aussi souvent que vous pourrez le faire sans vendre vos livres. Car, dans notre chaste théâtre, Caton lui-même pourrait rester jusqu'à la chute du rideau ;

d'ailleurs, vous pourrez entendre de temps en temps des conversations tolérables entre les acteurs ; ce sont des gens qui peuvent passer pour spirituels hors de la scène, au même titre qu'ils passent pour élégants dessus. Outre que j'ai connu un commissionnaire qui tenait d'aussi bonnes marchandises et les vendait aussi bon marché que le négociant lui-même qui l'employait.

Ajoutez à cela l'utilité de garnir vos tablettes d'un choix de mélanges modernes, de la plus jolie édition ; et de lire toutes sortes de pièces de théâtre, particulièrement les nouvelles, et, par-dessus tout, celles du terroir, imprimées par souscription ; et quant à cet article de fabrique irlandaise, je suis tout à fait de l'avis de la dernière proposition, et opine pour « rejeter et proscrire tout ce qui vient de l'Angleterre ». À quoi bon lui demander du charbon de terre ou de la poésie, quand nous avons chez nous une veine également bonne et plus à notre convenance ?

Enfin, un recueil de lieux communs est chose dont un poète prévoyant ne saurait se passer, par cette raison proverbiale, que « les grands esprits ont la mémoire courte » ; tandis que, d'un autre côté, les poètes, étant menteurs de profession, devraient avoir la mémoire bonne ; pour concilier cela, un livre de cette espèce est comme une mémoire supplémentaire, ou un registre de ce qui arrive de remarquable dans les lectures ou les conversations de chaque jour. Vous y insérez non seulement vos propres pensées originales (qui, il y a cent à parier contre un, sont peu nombreuses ou insignifiantes), mais celles d'autrui que vous croyez devoir vous approprier en les y insérant. Car, prenez ceci pour règle, lorsqu'un auteur est sur vos livres, vous avez le même droit sur son esprit qu'un négociant a sur votre argent quand vous êtes sur les siens.

À l'aide de ce petit nombre de prescriptions faciles (et celle d'un bon génie), il est possible que vous atteigniez en peu de temps les qualités d'un poète, et que vous remplissiez brillamment ce rôle. Quant à votre manière de composer, et au choix des sujets, je ne puis prendre sur moi d'être votre directeur ; mais je me hasarderai à vous donner de courts avis, sur lesquels vous pourrez vous étendre à loisir. Laissez-moi donc vous conjurer de ne mettre aucunement de côté cette idée particulière à nos modernes raffinés en poésie, à savoir qu'un poète ne doit jamais écrire ou discourir comme le commun des hommes, mais en cadence et en vers, comme un oracle ; ce que je mentionne d'autant plus que, d'après ce principe, j'ai vu des héros introduits dans la chaire, et tout un sermon composé et prononcé en vers blancs, au grand honneur du prédicateur, non moins qu'à la satisfaction réelle et à la grande édification de l'auditoire ; ce dont voici, je crois, le secret : quand la matière de ces discours n'est que de la pure argile, ou, comme nous avons coutume de dire, une pauvre drogue, le prédicateur qui ne peut se procurer rien de mieux façonne sagement et polit, et sèche, et lave ce morceau de terre, et ensuite le cuit au feu poétique ; après quoi il sonne comme n'importe quel pot de terre, et est un bon plat à mettre devant des convives ordinaires, comme l'est toute congrégation qui vient aussi souvent au même endroit pour son plaisir.

C'était une bonne vieille coutume qu'avaient nos pères d'invoquer les Muses au commencement de leurs poèmes ; je suppose, pour leur demander leur bénédiction : cette coutume, ces mécréants de modernes l'ont en grande partie mise de côté ; mais on ne doit pas les suivre dans cette impiété poétique ; car, bien que ces sortes d'invocations puissent écorcher les oreilles délicates (comme lorsqu'on accorde des instruments avant un concert), elles ne sont pas moins nécessaires. De plus, vous ne devez pas manquer de mettre au front de votre muse un bandeau grec ou latin ; je veux dire que vous devez décorer d'une vieille devise toutes vos compositions ; car, outre que cet artifice avertit le lecteur de l'érudition de l'écrivain, il est d'autre part utile et recommandable. Un brillant passage au frontispice d'un poème est une bonne marque, comme une étoile au front d'un cheval, et le morceau ne peut qu'y gagner. L'*os magna sonaturum*[1], dont Horace, si j'ai bonne mémoire, fait une des qualités d'un bon poète, peut vous apprendre à ne point bâillonner votre muse, ou à ne point vous refuser des mots et des épithètes qui ne vous coûtent rien, contrairement à la pratique de quelques écrivains excentriques, qui emploient une expression naturelle et concise, et affectent un style semblable à un gâteau de Shrewsbury, cassant et doux au palais ; ils ne vous accorderaient pas un mot de plus qu'il n'en faut pour les rendre intelligibles, ce qui est aussi pauvre et aussi mesquin que de ne mettre sur table qu'autant de

1. « Bouche faite pour les chants sublimes », Horace, *Satires*, I, 4, v. 43, dans *Œuvres*, *op. cit.*, p. 158.

viande qu'on est sûr d'en manger. Les mots ne sont que les laquais du bon sens, et accourent à votre service sans gages ni contrainte : *verba non invita sequentur*[1].

En outre, quand vous vous mettez à composer, il peut vous être nécessaire, pour être plus à votre aise et mieux distiller votre esprit, de mettre vos plus mauvais habits ; et plus mauvais ils sont, mieux cela vaut, car dans un auteur, comme dans un alambic, tout passe mieux à travers une guenille ; d'ailleurs, j'ai vu un jardinier couper l'écorce d'un arbre (et c'est son surtout) pour qu'il se portât mieux ; et c'est une raison naturelle de la pauvreté ordinaire des poètes, et du besoin qu'ils ont, entre tous les mortels, d'être mal vêtus. J'ai toujours un respect religieux pour tous ceux dont je vois la toilette en mauvais état, les supposant ou poètes ou philosophes, attendu que les plus riches minéraux se trouvent toujours aux endroits où la terre est le plus déchirée et le plus flétrie.

Quant aux sujets que vous devez choisir, j'ai seulement à vous donner cet avis que, comme une belle manière de louer est certainement le point le plus difficile, soit qu'on écrive, soit qu'on parle, je ne conseillerais aucunement à un jeune homme de débuter dans le panégyrique, outre le danger qu'il offre ; car un éloge particulier engendre plus de mauvais vouloir qu'aucune invective générale, ce dont je n'ai besoin de vous donner aucune raison ; c'est pourquoi je vous conseille de vous servir plutôt de la pointe de votre plume que des barbes : que votre premier essai soit un coup d'éclat dans le genre

1. « Les mots n'auront pas de peine à suivre », Horace, *Art poétique*, v. 311, dans *Œuvres*, *op. cit.*, p. 267.

du libelle, du pamphlet ou de la satire. Jetez-moi bas une vingtaine de réputations, et la vôtre grandira infailliblement ; et pourvu que ce soit avec esprit, il n'importe que ce soit avec peu de justice, car la fiction est votre commerce.

Tout grand génie semble à cheval sur le genre humain, comme Pyrrhus sur son éléphant ; et le moyen d'avoir un ascendant absolu sur votre bidet rétif et de conserver votre assiette est, la première fois que vous le montez, d'user largement sur lui du fouet et de l'éperon, après quoi, vous pouvez voyager fort lestement le reste du jour. Lancez une ruade au monde, et le monde et vous vous vivrez ensemble en assez bonne intelligence. Vous ne pouvez pas ignorer que ceux de votre profession ont été appelés *genus irritabile vatum* [1], et vous jugerez nécessaire de vous monter au ton de cette irascible société, en exerçant votre talent satirique à la première occasion, et de renoncer à votre bon naturel, rien que pour prouver que vous êtes un vrai poète ; ce que vous reconnaîtrez être une importante considération. En un mot, un jeune voleur est ordinairement admis sur un meurtre ; un jeune chien de chasse est saigné la première fois qu'il entre en plaine ; un jeune bravache commence par tuer son homme ; et un jeune poète doit montrer son esprit, comme l'autre son courage, en coupant, taillant, terrassant et massacrant la pauvre humanité.

Enfin, il sera sage à vous de chercher de bonne heure un bon emploi pour votre muse, en rapport avec son

1. « La race irritable des poètes », Horace, *Épîtres*, II, 2, v. 102, dans *Œuvres*, *op. cit.*, p. 253.

savoir-faire et ses talents, comme fille de laiterie, ou cuisinière, ou femme de ménage ; je veux dire louer votre plume à un parti qui vous donnera salaire et protection ; et lorsque vous aurez affaire à la presse (comme il vous tardera d'en être là), prenez soin de vous assurer d'un ami importun, qui vous arrache vos productions avec une agréable violence ; lesquelles, conformément au rôle convenu entre vous, vous devrez livrer *digito male pertinaci*[1] : cela est décent ; car il ne convient pas plus à un auteur, comme modestie, de prendre part à la publication de ses ouvrages, qu'à une femme en travail d'enfant de s'accoucher elle-même.

Je serais très fâché de donner le moindre ombrage ou la moindre offense en disant ce que je viens de dire, comme je pourrais le faire si on me soupçonnait d'insinuer que ces circonstances accessoires du talent d'écrire ont été inconnues des poètes de ce royaume, ou n'en ont pas été observées. Je rendrai à mes compatriotes la justice de dire qu'ils ont écrit selon les règles ci-dessus avec une grande exactitude, et qu'ils ne sont guère restés en arrière de ceux de cette profession en Angleterre, comme perfection de basse littérature. Le sublime, en effet, n'est pas si commun chez nous ; mais on supplée complètement à ce déficit par l'admirable et le surprenant qui abonde dans toutes nos compositions. Notre excellent ami (le chevalier susnommé), parlant de la force de la poésie, dit : « rimer à mort, ce qui [ajoute-t-il] se fait, dit-on, en Irlande » ; et vraiment, cela soit dit à notre honneur, cette faculté nous reste en grande partie jusqu'à ce jour.

1. « D'un doigt qui sait mal retenir », Horace, *Odes*, I, 9, v. 20, *ibid.*, p. 55.

Je voudrais maintenant présenter quelques pauvres idées à moi pour l'encouragement de la poésie dans ce royaume, si je pouvais espérer qu'elles fussent agréables. Le cœur m'a souvent saigné de la fâcheuse condition de cette noble profession ici ; et ça a été l'objet constant de mes études de chercher les moyens d'améliorer son sort. Et certainement, à considérer quels merveilleux beaux esprits, dans le genre poétique, surgissent presque chaque jour et nous étonnent dans cette ville ; quels génies prodigieux nous avons ici (dont je pourrais citer des quantités innombrables) ; et avec cela de quel grand avantage il peut être pour notre commerce d'encourager ici cette science, car il est clair que notre fabrication de toiles doit une bonne partie de sa prospérité à l'énorme gaspillage de papier que font les poètes de notre époque ; sans parler de toute l'utilité dont ils sont aux boutiquiers, particulièrement aux épiciers, apothicaires et pâtissiers ; et je pourrais ajouter que, sans nos écrivains, la nation serait en peu de temps complètement destituée de torche-culs, et devrait de toute nécessité les faire venir d'Angleterre et de Hollande, où ils les ont en grande abondance, grâce au travail infatigable de leurs propres beaux esprits ; tout cela considéré, dis-je, mon humble opinion est qu'il serait digne de la sollicitude de nos chefs de choyer les gentilshommes de la plume, et de leur donner ici tous les encouragements convenables. Et puisque je suis sur ce sujet, je dirai ma pensée très librement, et si j'ajoute impertinemment, ce ne sera point aller au-delà de mes droits de Breton.

Sérieusement donc, je déplore, depuis maintes années, que nous n'ayons pas une Grub Street dans notre grande et civilisée capitale, à moins qu'on ne puisse donner ce nom à la ville tout entière. Et cela, je l'ai considéré comme un défaut impardonnable dans notre constitution, depuis que j'ai eu des opinions que je pouvais appeler miennes. Chacun sait que Grub Street est un marché pour les petits artistes du bel esprit, et aussi nécessaire, au point de vue de la purgation habituelle du cerveau humain, que le nez l'est sur le visage de l'homme ; et pour la même raison, nous avons ici une cour, un collège, un théâtre et de belles dames, et de beaux messieurs, et de bon claret, et abondance de plumes, d'encre et de papier, exempts de taxes, et tout ce qui peut en outre stimuler l'esprit ; et pourtant ceux dont c'est le devoir n'ont pas jugé convenable de désigner un lieu où on pût l'évacuer, ce qui est bien dur, comme on en peut juger par comparaison.

Et vraiment cette lacune a eu des inconvénients inexprimables ; car, sans parler du préjudice causé à la république des lettres, je suis d'avis que notre santé en souffre : je crois que notre air corrompu et tous nos épais brouillards sont dus en grande partie à l'exposition de notre esprit à tous les coins de rue, et qu'en s'y prenant bien, nos vapeurs poétiques pourraient être emportées dans un égout commun et tomber dans un quartier de la ville sans en infecter la totalité, comme il arrive à présent, au grand désagrément de notre noblesse, de notre gentry et autres, qui ont le nez délicat. Quand les écrivains de toute taille, comme ceux qui ont droit de cité, sont libres de jeter leurs ordures et productions excrémentielles dans chaque rue qu'il leur plaît, quelle en peut être la conséquence, si ce n'est que la ville soit empoisonnée, et devienne leur véritable latrine, comme, au rapport de grands voyageurs, Édimbourg l'est la nuit ; chose très digne de considération dans ces temps de peste.

Je ne suis pas de la société pour la réforme des mœurs ; mais, sans ce titre entaché de suffisance, je serais bien aise de voir quelque amélioration dans l'objet qui nous occupe : c'est pourquoi je réclame la faveur du lord-maire, de la cour des aldermen et du conseil municipal, ainsi que du cercle entier des arts dans cette ville, et je recommande cette affaire à l'attention de toute leur politique, et je me persuade qu'ils ne me refuseront pas leurs plus grands efforts, lorsqu'ils peuvent remplir à la fois deux objets aussi avantageux que de purifier la ville et d'y encourager la poésie. Et je n'en excepte pas les poètes satiriques et les libellistes, à cause de leur office ; car bien que, il est vrai, leur besogne soit de farfouiller dans les ruisseaux et de ramasser l'ordure des rues et des familles (et sous ce rapport ils peuvent être, que je sache, aussi nécessaires pour la ville que les boueurs ou les ramoneurs), cependant j'ai observé qu'ils ont eux-mêmes aussi des vêtements très sales, et, comme les gens malpropres, laissent plus d'ordures et de saletés qu'ils n'en balayent.

En un mot, ce que je voudrais (car j'aime à être clair dans des matières importantes pour mon pays), c'est que quelque rue borgne ou impasse de cette ville pût être disposée, aux frais du public, pour servir de logement aux Muses (comme Rome et Amsterdam en consacrent à des divinités d'un autre genre), et qu'elle fût entièrement réservée à nos beaux esprits, et garnie complètement de tout le nécessaire, tel qu'auteurs, réviseurs, presses, imprimeurs, colporteurs, boutiques et magasins, abondance de greniers et tous autres instruments et accessoires de l'esprit. L'avantage de ceci serait évidemment que nous aurions alors un dépôt assuré pour nos meilleures productions, qui maintenant passent de main en main en simples feuilles ou manuscrites, et peuvent tout à fait se perdre (ce qui serait dommage), ou, tout au moins, sont sujettes, dans ce déshabillé, comme de jolies femmes, à de graves insultes.

Un autre point qui m'a coûté des réflexions mélancoliques, c'est le présent état du théâtre, dont l'encouragement a une influence immédiate sur la poésie de ce royaume, comme un bon marché améliore la culture du pays d'alentour et enrichit le laboureur ; et nous autres de cette ville nous ne paraissons pas assez savoir ou considérer l'immense avantage d'un théâtre pour notre cité et notre nation. Cette unique salle est la source de tout notre amour, de notre esprit, de notre costume et de notre galanterie ; c'est l'école de la sagesse, car nous y apprenons de quoi il retourne ; ce qui toutefois, je dois le dire, n'est pas toujours très bon à savoir. Là nos jeunes gens perdent leurs erreurs enfantines, et en arrivent à s'apercevoir que leurs mères les ont trompés au sujet de la feuille de chou ; là aussi ils se débarrassent des préjugés naturels, particulièrement de ceux de la religion et de la modestie, qui sont de grandes entraves pour des gens libres. Le même endroit est un remède contre le spleen et la rougeur, et autres maladies occasionnées par la stagnation du sang. C'est aussi une école de jurements usuels : mon jeune homme, qui d'abord ne jurait que du bout des lèvres, y apprend à faire ronfler son jurement avec grâce, à jurer comme il lit le français, *ore rotundo* [1]. L'impiété, auparavant, était pour lui un habit des dimanches ; mais, en fréquentant le théâtre, jurer, sacrer et mentir devient son costume de tous les jours, habit, veste et culotte. Or, dis-je, les jurements, produit de cette contrée aussi abondant que notre blé, cultivés ainsi par le théâtre, pourraient, avec de l'adresse, être d'un merveilleux avantage pour la nation, comme l'a amplement prouvé l'auteur du projet d'établir une banque de jurements. Enfin, la scène en grande partie défraye la chaire ; car je ne vois pas ce que nos théologiens auraient à y dire contre la corruption du siècle, sans le théâtre, qui en est le séminaire. D'où il ressort clairement que le public gagne à avoir un théâtre, et conséquemment devrait le soutenir ; et si j'étais digne de dire mon mot, ou d'en remontrer à mes supérieurs, j'expliquerais de quelle manière.

J'ai ouï dire qu'un certain gentleman a grandement dessein de servir le public sous le rapport des distractions, s'il est dûment encouragé, c'est-à-dire s'il peut obtenir une subvention, ou salaire annuel et honnête contribution ; et bien digne il est des faveurs de la nation, car, pour lui rendre justice, il est d'une habileté peu commune en fait de divertissements, ayant tourné toutes ses études de ce côté, et fait bien des lieues sur mer et sur terre, pour acquérir ce profond savoir. Dans cette seule vue, il a visité toutes les cours et grandes villes de l'Europe, et s'est donné plus de peine que je ne le dirai, pour prendre un dessin exact du théâtre de

1. « La bouche arrondie », c'est-à-dire, en latin, avec « une élocution parfaite », Horace, *Art poétique*, v. 323, dans *Œuvres*, *op. cit.*, p. 267.

La Haye, comme modèle d'un nouveau ici. Mais que peut faire à lui seul un particulier dans une entreprise si publique ? Il n'est pas douteux que par ses soins et son industrie, de grandes améliorations peuvent être réalisées, non seulement dans notre théâtre (ce qui est son terrain immédiat), mais en ce qui concerne nos maisons de jeux, commissionnaires d'hôtels, loteries, boulingrins, jeux de quilles, combats d'ours et de coqs, prix, marionnettes, spectacles ambulants, et tout ce qui a rapport aux élégants divertissements de cette ville. C'est vraiment un génie original, et je félicite notre capitale de son séjour ici où je souhaite qu'il vive et prospère longtemps, pour notre bien à tous.

Un mot encore : s'il est fait quelque démarche de l'autre côté de l'eau, à l'effet d'obtenir une charte pour établir ici une banque, je me permets de présenter une requête tendant à ce que la poésie ait sa part de ce privilège, étant une valeur aussi réelle et reposant sur quelque chose de tout aussi solide que nos fonds ; mais j'ai peur que nos voisins, qui envient notre esprit autant que notre richesse ou notre commerce, ne veuillent encourager ni l'un ni l'autre. Je crois aussi qu'il serait convenable de créer une corporation de poètes dans cette ville. J'ai été, dans mon temps, assez désœuvré pour calculer le nombre de beaux esprits qui s'y trouvent, et je vois que nous avons trois cents poètes en activité, et plus, dans l'intérieur et aux alentours de la ville, calculant six vingt du cent, et tenant compte des demies, comme on fait pour les bouteilles ; comprenant aussi les diverses dénominations d'imitateurs, traducteurs et auteurs de lettres familières, etc. Un de ceux-ci a dernièrement régalé la ville d'un morceau original, d'un morceau que, j'ose le dire, feu *Le Spectateur anglais*, à son déclin, aurait appelé « un excellent spécimen du vrai sublime », ou « un noble poème » ; ou « une belle pièce de vers, sur un sujet parfaitement neuf », l'auteur lui-même ; et lui aurait donné place parmi ses dernières élucubrations.

Mais, comme je disais, tant de poètes, j'en suis convaincu, suffisent pour défrayer une corporation, sous le rapport du nombre. Puis, pour les divers degrés de membres subalternes nécessaires à un tel corps, on ne manquerait de rien ; car, bien que nous n'ayons pas un seul poète de premier ordre, nous regorgeons de marguilliers et de bedeaux ; ayant une multitude de poétereaux, poètes de pacotille, singe-poètes, philo-poètes et autres beaux esprits de bas étage, mais très entichés de la chose, qui sont, de beaucoup, plus nombreux que tout le reste. Et je n'aurai jamais de repos que ce mien projet (dont je me sais sincèrement bon gré) ne soit mis en pratique. Je brûle de voir le jour où nos poètes formeront un corps régulier et distinct, et se rendront auprès du lord-maire aux jours officiels, comme les autres bons bourgeois, en robes à parements verts, au lieu de laurier, et quand moi-même, qui fais la proposition, je jouirai des franchises de leur compagnie.

Pour conclure : pourquoi notre gouvernement n'aurait-il pas un poète-lauréat, comme en a l'Angleterre ? pourquoi notre université n'aurait-elle pas un professeur de poésie, comme en a l'Angleterre ? pourquoi notre lord-maire n'aurait-il pas un barde de la cité, comme en a l'Angleterre ? et pour raffiner sur l'Angleterre, pourquoi chaque corporation, paroisse et quartier de cette ville, n'aurait-il pas un poète à gages, comme ils n'en ont pas en Angleterre ? Enfin, pourquoi tout homme en état de le faire, ne serait-il pas obligé d'ajouter un domestique de plus à son nombre habituel, et indépendamment d'un fou et d'un chapelain (qui souvent ne font qu'un), n'entretiendrait-il pas un poète dans sa famille ? car, peut-être un rimeur est aussi nécessaire parmi les serviteurs d'une maison qu'un charretier avec ses clochettes à la tête d'un attelage. Mais cela je le livre à la sagesse de mes supérieurs.

Tandis que je dirige votre plume, je ne devrais point oublier de gouverner la mienne, qui a déjà dépassé les bornes d'une lettre. Je dois donc prendre congé de vous brusquement, et vous prier, sans plus de cérémonie, de croire que je suis

Monsieur,

Votre très humble serviteur,

J. S.

Lettre à une très Jeune perSonne sur son Mariage

MADAME, à présent que vous voilà délivrée du sot tracas des visites à recevoir et à rendre à l'occasion de votre mariage, vous commencez un genre de vie où vous aurez grand besoin de conseils pour vous empêcher de tomber dans les nombreuses erreurs, prétentions et extravagances auxquelles votre sexe est sujet. J'ai toujours eu la plus grande amitié pour votre père et votre mère ; et la personne qu'ils ont choisie pour votre mari est, depuis quelques années, mon favori particulier. Il y a longtemps que je désirais votre union, parce que j'espérais que grâce à vos bonnes dispositions, et en suivant les conseils de sages amis, vous pourriez, avec le temps, vous rendre digne de lui. Vos parents ont eu raison en ceci qu'ils ne vous ont pas beaucoup produite dans le monde, ce qui vous a épargné maint faux pas que d'autres ont fait, et que vous avez moins d'impressions mauvaises à effacer ; mais ils ont eu le tort, comme c'est généralement le cas, de trop négliger la culture de votre esprit, sans laquelle il est impossible d'acquérir ou de conserver l'amitié et l'estime d'un homme sensé, qui se lasse bientôt de jouer le rôle d'amant et de traiter sa femme comme une maîtresse, mais a besoin d'une compagne raisonnable et d'une véritable amie dans toutes les phases de la vie. Il faut donc prendre à tâche de vous rendre propre à cet office, effort que je ne cesserai de diriger tant que je vous en jugerai digne, en vous indiquant comment vous devez agir, et ce que vous devez éviter.

Et gardez-vous de dédaigner ou de négliger mes instructions, d'où dépendra non seulement la figure que vous ferez dans le monde, mais votre véritable bonheur, aussi bien que celui de l'homme qui doit vous être le plus cher.

Je dois donc vous recommander, en premier lieu, d'être très lente à quitter votre modeste tenue de jeune fille : d'ordinaire les jeunes femmes ne sont pas plus tôt mariées quelques semaines, qu'elles prennent un air hardi et un ton déluré, comme si elles voulaient signifier à toutes les compagnies qu'elles ne sont plus filles, et par conséquent que tout leur maintien, avant d'avoir un mari, n'était qu'une contenance et une contrainte qu'elles s'imposaient ; tandis que si on recueillait les voix des gens sensés, une très grande majorité, je suppose, serait en faveur de ces dames qui, après être entrées dans cet état, aiment mieux redoubler de modestie et de réserve.

Je dois également vous prémunir fortement contre toute espèce de démonstration de tendresse envers votre mari devant n'importe quels témoins, même devant vos plus proches parents, ou vos propres femmes de chambre. Ces manières sont si excessivement odieuses et dégoûtantes pour tous ceux qui ont du savoir-vivre ou du bon sens, qu'ils leur assignent deux motifs fort peu aimables : l'un est une grossière hypocrisie, et l'autre a un trop vilain nom pour le prononcer. S'il est quelque différence à faire, votre mari est le dernier de la compagnie, soit chez vous, soit chez les autres, et tout individu présent a plus de droits à toutes vos marques de civilité et de distinction. Cachez votre estime et votre amour dans votre sein, et réservez vos mines et vos paroles affectueuses pour les heures de tête-à-tête, qui sont si nombreuses chaque jour qu'elles suffiront parfaitement à une passion aussi exaltée qu'on en ait jamais décrit dans un roman français.

Pendant que je suis sur ce chapitre, je vous conseillerai pareillement de ne point imiter ces dames qui affectent tant d'inquiétude quand leurs maris sont dehors ; qui tressaillent à chaque coup qu'on frappe à la porte, et sonnent incessamment pour dire aux domestiques d'aller ouvrir à leur maître ; qui ne mangeront pas une bouchée à dîner ou à souper, si le mari n'est pas rentré, et qui le reçoivent à son retour avec un tel mélange de gronderies et de tendresses, en lui demandant où il a été, qu'une poissarde de Billingsgate serait une compagne plus facile et plus agréable.

De la même pâte sont ces femmes qui, lorsque leur mari est en voyage, veulent avoir une lettre à chaque poste, sous peine de pâmoison et d'attaque de nerfs, et qu'il fixe le jour précis de son retour, sans faire aucunement la part des affaires, de la maladie, des accidents ou du temps ; tout ce que j'en peux dire d'après mes propres observations, c'est que les dames qui font le plus d'embarras en pareille occasion auraient grassement payé un messager pour leur apporter la nouvelle que leur mari s'est cassé le cou en route.

Vous serez peut-être offensée quand je vous engagerai à rabattre un peu de cette violente passion pour les beaux habits, qui prédomine si fort dans votre sexe. Il est un peu dur que le nôtre, pour qui vous les portez, ne soit pas admis à donner son avis. Je puis prendre sur moi de vous assurer que nous consentirions à un rabais de quatre livres sterling par aune sur un brocard, si les dames voulaient bien compenser la différence par un redoublement de propreté et de soins sur leurs personnes. Car la partie satirique du genre humain veut à toute force se mettre en tête qu'il n'est pas impossible d'être richement mise et très sale ; et qu'il est plus d'une dame incapable de mener de front la toilette et la propreté. Je me contenterai d'ajouter, sur un sujet si délicat, ce qu'un plaisant disait d'une sotte femme de qualité : que rien ne la pouvait rendre supportable que de lui couper la tête : car les oreilles étaient offensées par sa langue, et le nez par ses cheveux et ses dents.

Je suis tout à fait en peine de vous conseiller sur le choix de votre compagnie, qui est pourtant un point d'aussi grande importance que pas un dans votre vie. Si vous avez en général pour connaissances des dames qui soient vos égales ou vos supérieures, pourvu qu'elles n'aient rien de ce qu'on appelle une mauvaise réputation, vous vous croyez en sûreté, et cette compagnie, dans le langage du monde, passera pour bonne. Tandis que je crains qu'il ne vous soit difficile de choisir une seule connaissance, parmi les femmes de cette ville, de qui vous ne soyez en danger manifeste de contracter quelque prétention, affectation, vanité, folie ou vice. Votre seule voie de salut, dans votre commerce avec elles, est une ferme résolution de prendre dans votre pratique et dans votre conduite le contre-pied de tout ce qu'elles disent ou font ; et je tiens cela pour une bonne règle générale et qui souffre fort peu d'exceptions. Par exemple, dans les recettes qu'elles donnent d'habitude aux jeunes mariées pour mener leurs maris ; les divers traits qu'elles citent d'elles-mêmes à cet égard, les proposant à votre imitation ; le mal qu'elles disent des autres personnes de leur sexe qui agissent différemment ; leurs instructions sur la manière de remporter la victoire dans toute discussion ou querelle que vous pouvez avoir avec votre mari ; les artifices par lesquels vous pouvez découvrir et exploiter son côté faible ; quand vous devez procéder par flatterie et insinuation, quand l'attendrir par vos larmes, et quand le mener haut la main ; dans ces cas, et dans mille autres, il sera prudent de retenir dans votre mémoire autant de leurs leçons que vous pourrez, et de vous déterminer alors à faire le contraire d'elles toutes.

J'espère que votre mari interposera son autorité pour limiter le nombre de vos visites : une demi-douzaine d'imbéciles est, en bonne conscience, autant que vous pouvez demander, et il sera suffisant pour vous de les voir deux fois par an, car je crois que la mode n'exige pas qu'on fasse des visites à ses amis.

Je vous engage à avoir plutôt chez vous une compagnie d'hommes que de femmes. À dire vrai, je n'ai jamais connu une femme passable qui aimât son propre sexe. Je conviens que lorsque les deux sexes sont mêlés et bien choisis, il peut y avoir échange de civilité et de bon vouloir, ce qui, avec une certaine dose de bon sens, peut rendre la conversation ou toute espèce d'amusement agréable. Mais une réunion de femmes est une véritable école d'impertinence et de médisance, et pires elles sont, mieux cela vaut.

Que vos connaissances, en fait d'hommes, soient du choix de votre mari, et ne les prenez pas sur la recommandation de vos compagnes ; parce qu'elles vous affubleront certainement de quelque fat, et il vous en coûtera du temps et de la peine avant de pouvoir être en état de distinguer un fat d'un homme de sens.

N'admettez jamais une femme de chambre favorite dans votre conseil de cabinet, pour vous entretenir d'histoires des dames qu'elle servait précédemment, de leurs divertissements et de leurs toilettes ; pour faire des insinuations sur la grande fortune que vous avez apportée, et le peu qu'on vous laisse gaspiller ; pour en appeler de votre mari à elle, et vous en rapporter à son jugement, parce que vous êtes sûre qu'il sera toujours en votre faveur ; pour recevoir et renvoyer les domestiques d'après son suffrage ou son approbation ; pour vous engager, par ses insinuations, dans des mésintelligences avec vos meilleurs amis ; pour présenter toutes choses sous de fausses couleurs, et pour être l'émissaire commun de la médisance.

Mais la grande affaire de votre vie sera de gagner et de conserver l'amitié et l'estime de votre mari. Vous avez épousé un homme bien élevé, instruit, d'un excellent esprit, et d'un goût sûr. Il est vrai, et cela est heureux pour vous, que ces qualités sont ornées d'une grande modestie, d'une très aimable douceur de caractère, et d'une disposition peu ordinaire à la sobriété et à la vertu ; mais ni son bon caractère, ni sa vertu ne lui permettront de vous estimer contrairement à son jugement ; et quoiqu'il ne soit pas capable de vous traiter mal, cependant vous deviendriez pour lui, avec le temps, une chose indifférente, et peut-être méprisable, à moins que vous ne puissiez suppléer à la perte de votre jeunesse et de la beauté par des qualités plus durables. Vous avez fort peu d'années à être jeune et jolie aux yeux du monde ; et aussi peu de mois à l'être aux yeux d'un mari qui n'est point un sot, car j'espère que vous ne rêvez point encore aux charmes et aux ravissements que le mariage a toujours eu et aura toujours pour mission de faire cesser subitement. D'ailleurs, votre union a été une affaire de prudence et de bonne amitié, sans aucun mélange de cette ridicule passion qui n'existe que dans les pièces de théâtre et dans les romans.

Vous devez donc faire tous vos efforts pour acquérir les avantages que votre mari prise le plus chez les autres, et pour lesquels on l'estime le plus lui-même. Vous devez améliorer votre esprit en suivant exactement le système d'étude que je dirigerai ou approuverai. Vous devez vous procurer une collection d'histoires et de voyages que je vous recommanderai, et passer plusieurs heures par jour à les lire, et à en faire des extraits, si vous avez la mémoire faible. Vous devez tâcher de vous lier avec des personnes instruites et intelligentes, dont la conversation vous apprenne à réformer votre goût et votre jugement ; et quand vous serez parvenue à comprendre et à goûter le bon sens des autres, vous arriverez avec le temps à penser sainement vous-même, et à devenir une raisonnable et agréable compagne. Cela doit inspirer pour vous à votre mari un amour et une estime vraiment raisonnés, que la vieillesse ne diminuera point. Il aura égard à votre jugement et à votre opinion dans des affaires de la plus grande conséquence ; vous serez en état de vous entretenir l'un l'autre sans qu'un tiers vienne à votre aide en trouvant un sujet de conversation. Ce que vous aurez gagné comme esprit lui rendra votre personne même plus agréable ; et quand vous serez seule, votre temps ne vous pèsera point faute de quelque frivole amusement.

Quelque peu de cas que je fasse de la généralité de votre sexe, cela m'a quelquefois fait de la peine de voir la maîtresse de la maison forcée de se retirer immédiatement après dîner, et cela dans des familles où l'on ne boit pas beaucoup, comme si c'était une maxime établie que les femmes sont incapables de toute conversation. Dans une chambre où les deux sexes se réunissent, si les hommes discourent sur quelque sujet général, les femmes ne pensent jamais que ce soit leur affaire de prendre part à ce qui se passe, mais, faisant bande à part, s'entretiennent ensemble du prix et du choix de la dentelle et de la soie, des toilettes qu'elles aiment ou désapprouvent à l'église ou à la comédie. Et quand vous êtes entre vous, avec quel naturel, après les premiers compliments, vous portez vos mains sur les barbes, les manchettes et les robes les unes des autres ; comme si toute l'affaire de votre vie et l'intérêt du monde entier dépendait de la coupe ou de la couleur de vos vêtements. De même que les théologiens disent que certaines gens prennent plus de peine pour être damnés qu'il ne leur en coûterait pour être sauvés, ainsi votre sexe emploie plus de réflexion, de mémoire et d'application pour être extravagant qu'il ne lui en faudrait pour être sensé et utile. Quand je songe à cela, je ne puis croire que vous soyez des créatures humaines, et autre chose qu'une espèce d'un degré à peine au-dessus du singe, qui a plus de ruses divertissantes qu'aucunes de vous, est un animal moins malfaisant et moins coûteux, et pourrait avec le temps être un critique passable en fait de velours et de brocard, qui, pour ce que j'en sais, lui iraient tout aussi bien.

Je voudrais vous voir regarder la toilette comme une folie nécessaire, ainsi qu'ont fait toutes les grandes dames que j'ai jamais connues ; je ne désire pas que vous alliez à l'encontre de la mode, mais que vous la suiviez la dernière et le moins possible. J'espère que votre mise sera d'un degré au-dessous de celle que vous permet votre fortune, et je vous souhaite d'avoir au fond du cœur un parfait dédain pour toutes les distinctions que peut vous valoir une plus belle jupe ; attendu qu'elle ne vous fera pas plus riche, plus jolie, plus jeune, meilleure de caractère, plus vertueuse ou plus sensée, que si elle pendait à un clou.

Si vous êtes en compagnie d'hommes instruits, quoiqu'il leur arrive de parler d'arts et de sciences qui ne sont point à votre portée, vous retirerez plus d'avantages de les écouter que de toutes les sottises et niaiseries de votre sexe ; mais s'ils sont gens de savoir-vivre autant que de savoir, ils s'engageront rarement dans une conversation que vous ne deviez pas écouter, et où vous ne deviez pas avec le temps avoir part. S'ils parlent des mœurs et coutumes des divers royaumes de l'Europe, de voyages dans des contrées lointaines, de l'état de votre propre pays, ou des grands hommes et grandes actions de la Grèce et de Rome ; s'ils donnent leur opinion sur des écrivains anglais ou français soit en vers, soit en prose, ou sur la nature et les limites de la vertu et du vice, c'est une honte pour une dame anglaise de ne point goûter de tels entretiens, de ne pas en profiter et s'efforcer, en lisant et s'instruisant, de prendre part à ces recréations, plutôt que de se détourner, comme c'est l'usage, et de se consulter avec sa voisine au sujet d'une nouvelle cargaison d'éventails.

Il est un peu cruel de ne pouvoir obtenir d'une fille de gentleman sur mille qu'elle lise ou entende sa propre langue, on qu'elle soit juge des livres les plus aisés qui y sont écrits, comme peut s'en convaincre quiconque aura la patience de les écouter, lorsqu'elles sont disposées à massacrer une pièce de théâtre ou un roman, où le moindre mot qui s'écarte de l'ordinaire est sûr de les déconcerter ; et cela n'a rien d'étonnant, lorsqu'on ne leur apprend pas même à lire dans leur enfance, et qu'elles ne peuvent pas y arriver dans tout le cours de leur vie. Je vous engage donc à lire à haute voix, plus ou moins, chaque jour à votre mari, s'il veut vous le permettre, ou à tout autre de vos amis (mais pas à une femme) qui soit en état de vous redresser ; et quant à lire tout bas, vous pourrez l'apprendre avec le temps en faisant des extraits des livres que vous lirez.

Je sais fort bien que les femmes qu'on appelle communément instruites ont perdu toute espèce de crédit par leur impertinent bavardage et par leur suffisance ; mais à cela le remède est facile, si vous considérez une bonne fois qu'après toute la peine que vous pouvez prendre vous n'arriverez jamais, en fait de savoir, à la perfection d'un écolier. Si je vous conseille de lire, c'est seulement pour améliorer votre bon sens, qui ne manquera jamais de gagner à la retenue. C'est une mauvaise méthode et un mauvais choix de livres qui font que ces savantes dames sont devenues pires pour avoir lu ; j'aurai donc soin de vous mieux diriger, tâche à laquelle je ne me crois pas impropre, attendu que j'ai passé plus de temps et eu plus de facilités que bien d'autres à observer et découvrir de quelle source proviennent les diverses folies des femmes.

Remarquez, je vous prie, quelles créatures insignifiantes c'est que le commun des dames quand elles en ont fini avec la jeunesse et la beauté ; combien elles paraissent méprisables aux hommes, et plus méprisables encore à la partie jeune de leur propre sexe ; et qu'elles n'ont pas d'autres ressources que de passer leurs après-midi en visites où elles ne sont jamais agréables, et leurs soirées aux cartes, entre elles ; tandis que la première portion du jour se consume en fiel et en envie, ou en vains efforts pour réparer à force d'art et de toilette les ruines du temps. Tandis que j'ai connu des dames de soixante ans, auxquelles tout ce qu'il y a de poli à la cour et à la ville adressait ses hommages, sans autre but que de jouir du plaisir de leur conversation.

Je ne connais pas de qualité aimable dans un homme, qui ne le soit également dans une femme ; je n'en excepte pas même la modestie et la douceur de caractère. Je ne connais pas non plus de vice ou de folie qui ne soit également détestable dans tous deux. Il est, à la vérité, une infirmité que l'on vous permet généralement, je veux parler de la poltronnerie ; cependant il semblerait y avoir quelque chose de fort capricieux aux femmes, lorsqu'elles professent leur admiration pour un colonel ou un capitaine, à cause de sa valeur, de s'imaginer que ce soit chez elles une qualité fort gracieuse et fort élégante d'avoir peur de leur ombre ; de crier en bateau par le temps le plus calme, ou dans une voiture au repos dans l'enceinte des courses ; de fuir une vache à cent pas de distance ; de tomber en pamoison à la vue d'une araignée, d'un perce-oreille ou d'une grenouille. Du moins, si la poltronnerie est un signe de cruauté (comme on l'accorde généralement), j'ai peine à penser que ce soit une qualité assez désirable pour qu'on croie devoir y ajouter l'affectation.

Et comme les mêmes vertus siéent également aux deux sexes, il n'est pas une qualité par laquelle les femmes tâchent de se distinguer des hommes qui ne les rende pires, excepté celle de la réserve, qui toutefois, à la façon dont vous vous y prenez en général, n'est rien qu'affectation ou hypocrisie. Car de même que vous ne pouvez trop réprimer ceux de notre sexe qui se permettent d'inconvenantes libertés devant vous, ainsi vous devez être tout à fait sans contrainte en compagnie de personnes méritantes, lorsque vous avez une suffisante expérience de leur retenue.

Jamais il ne manque dans cette ville de femmes hardies, vantardes et bavardes, dont les talents passent auprès des fats pour de l'esprit et de la gaieté ; leur grand mérite consiste en grossières et choquantes expressions, et dans ce qu'elles appellent mettre leur homme à terre.

Si quelqu'un de leur compagnie se trouve avoir une tache sur sa naissance ou sur sa personne, s'il est arrivé à sa famille ou à lui-même quelque malheur dont il soit honteux, elles seront sûres d'y faire des allusions transparentes sans aucune provocation. Je vous recommande de vous lier avec une prostituée plutôt qu'avec de pareilles mégères. J'ai souvent pensé qu'aucun homme n'est obligé de tenir de telles créatures pour des femmes, et qu'il peut les traiter comme d'insolents drôles qui en ont pris le costume, et qu'on devrait en dépouiller et chasser à coups de pied.

J'ajouterai une seule chose, quoiqu'elle ne soit guère à sa place, qui est de désirer que vous appreniez à apprécier et à estimer votre mari pour les bonnes qualités qu'il possède réellement et à ne pas vous en figurer d'autres en lui qu'il n'a certainement pas. Car, bien que cela passe généralement pour une marque d'amour, cela n'est dans le fait qu'affectation et faux jugement. Il est vrai qu'il lui manque si peu de qualités que vous ne courez pas grand risque de vous tromper de ce côté ; mais mon avertissement est provoqué par une dame de votre connaissance, mariée à une personne de grand mérite, qu'elle a pourtant toujours le malheur de vanter pour les perfections auxquelles il peut le moins prétendre.

Je ne puis vous donner aucun avis sur l'article de la dépense ; je pense seulement qu'il faut que vous connaissiez bien le chiffre du revenu de votre mari et que vous calculiez assez bien pour rester en deçà dans votre part de gestion ; que vous ne vous rangiez pas parmi les femmes politiques qui croient avoir gagné un grand point, quand à force de tourmenter leurs maris elles les ont décidés à leur acheter un nouvel équipage, une coiffure de dentelle, ou une belle jupe, sans considérer un moment quel long mémoire il reste à payer au boucher.

Je vous recommande de garder cette lettre dans votre cabinet, et d'examiner souvent avec impartialité votre conduite d'après elle ; et là-dessus Dieu vous bénisse, et fasse de vous un bel exemple pour votre sexe, et une perpétuelle consolation pour votre mari et votre père.

Je suis, avec beaucoup de sincérité et d'affection,

Madame,

Votre très fidèle ami, et humble serviteur.

Traité sur les Bonnes manières et sur la Bonne éducation

LES BONNES MANIÈRES sont l'art de mettre à leur aise ceux avec qui vous vous trouvez.

Quiconque met le moins de personnes mal à l'aise est le mieux élevé de la compagnie.

Comme les meilleures lois sont fondées sur la raison, ainsi le sont les meilleures manières. Et de même que des jurisconsultes ont introduit des choses déraisonnables dans le droit commun, ainsi également plusieurs instituteurs ont introduit des choses absurdes dans la civilité commune.

Un point principal de cet art est d'accommoder notre conduite aux trois différentes classes d'hommes : nos supérieurs, nos égaux et ceux au-dessous de nous.

Par exemple, presser l'une des deux premières de manger ou de boire, c'est une infraction aux bonnes manières ; mais un marchand ou un fermier doit être traité ainsi, ou autrement il sera difficile de leur persuader qu'ils sont les bienvenus.

L'orgueil, un mauvais caractère et le manque de sens sont les trois grandes sources des mauvaises manières ;

sans quelqu'un de ces défauts, aucun homme ne se comportera mal faute d'expérience, ou de ce qui, dans la langue des sots, s'appelle connaître le monde.

Je défie qui que ce soit de citer un incident où la raison ne nous indiquera pas ce qu'il faut dire ou faire en compagnie, si nous ne sommes pas égarés par l'orgueil ou par un mauvais caractère.

C'est pourquoi je soutiens que le bon sens est le principal fondement des bonnes manières ; mais comme le bon sens est un don que peu d'hommes ont reçu, toutes les nations civilisées du monde se sont accordées à établir certaines règles de conduite, le mieux accommodées à leurs coutumes ou idées générales, comme une sorte de bon sens artificiel pour suppléer au manque de raison. Sans quoi la sotte partie des gens comme il faut serait perpétuellement aux prises, comme ils y manquent rarement quand il leur arrive d'être ivres ou engagés dans des querelles de jeu ou de femmes. Dieu soit loué, il n'arrive guère de duel dans l'année qui ne puisse être imputé à un de ces trois motifs. Aussi, je serais excessivement fâché que la législature prît aucune nouvelle mesure contre le duel, attendu que l'homme sensé a de faciles et nombreux moyens d'éviter une querelle avec honneur ou de s'y engager sans crime, et je ne puis découvrir aucun mal politique à permettre à des fanfarons, à des escrocs et à des libertins de débarrasser le monde d'eux, les uns par les autres, à l'aide d'une méthode à eux, là où la loi n'a pas su trouver un expédient.

Comme les formes ordinaires de la civilité avaient pour but de régler la conduite de ceux qui ont une faible intelligence, de même elles ont été corrompues par les personnes pour l'usage desquelles elles avaient été inventées. Car ces gens sont tombés dans une inutile et interminable façon de multiplier les cérémonies, qui sont devenues extrêmement à charge à ceux qui les pratiquent et insupportables à tout autre ; au point que les gens sensés sont souvent plus mal à l'aise de l'excès de civilité de ces raffinés qu'ils ne pourraient l'être s'ils causaient avec des paysans ou des ouvriers.

L'impertinence de cette conduite cérémonieuse ne s'aperçoit mieux nulle part qu'à ces tables que président les dames qui s'estiment à cause de leurs bonnes manières, et où un homme peut être sûr de passer une heure sans faire quoi que ce soit dont il ait envie, à moins qu'il ne soit assez hardi pour rompre en visière à tout le décorum de la maison. Elles décident ce qu'il aime le mieux, et combien il mangera ; et si le maître du logis se trouve être dans les mêmes dispositions, il se met, de la même manière tyrannique, à réglementer l'article de la boisson : en même temps vous êtes dans la nécessité de répondre à mille excuses sur la façon dont on vous traite. Et quoique cette mode soit en partie passée chez plusieurs gens du meilleur monde, cependant il en reste encore trop, surtout en province, où un fort honnête homme m'a assuré qu'ayant été retenu quatre jours contre son gré, chez un ami, avec toutes les circonstances de cacher ses bottes, de fermer à clef l'écurie, et autres inventions semblables, il ne se rappelle pas, du moment où il est entré dans cette maison jusqu'au moment où il en est sorti, une seule chose sur laquelle son inclination n'ait pas été pleinement contrariée, comme si toute la maison se fût liguée pour le mettre au supplice.

Mais, indépendamment de tout cela, on n'en finirait pas à énumérer tous les absurdes et ridicules accidents que j'ai observés parmi ces infortunés prosélytes de la cérémonie. J'ai vu une duchesse bel et bien renversée par la précipitation d'un fat officieux qui accourait pour lui éviter la peine d'ouvrir une porte. Je me souviens qu'un jour de naissance à la cour, une grande dame fut jetée dans la désolation par une saucière qu'un page laissa tomber tout droit sur sa coiffure et son brocard, tandis qu'elle faisait subitement faire un tour à son coude pour remplir quelque exigence de cérémonie envers la personne qui était assise à côté d'elle. M. Buys, l'envoyé de Hollande, dont la politique et les manières étaient de même force, amena son fils, âgé d'environ treize ans, à un grand dîner de la cour. L'enfant et son père, à chaque chose qu'on mettait sur leurs assiettes, commençaient par l'offrir à la ronde à chacun des convives ; en sorte que nous ne pûmes avoir une minute de repos durant tout le repas. À la fin, leurs deux assiettes vinrent à se rencontrer, et avec tant de violence qu'étant de porcelaine elles se brisèrent en vingt morceaux, et tachèrent la moitié de la compagnie de sucreries et de crème.

Il y a une pédanterie dans les manières, comme dans tous les arts et sciences, et parfois dans les métiers. La pédanterie est proprement une trop haute estime de toute espèce de savoir dont nous avons la prétention, et si cette espèce de savoir est futile en soi, la pédanterie en est plus grande. C'est pourquoi je tiens les joueurs de violon, maîtres de danse, hérauts, maîtres de cérémonie, etc., pour de plus grands pédants que Lipse ou l'aîné des Scaliger. Ce genre de pédants, la cour, lorsque je la connaissais, en fut toujours abondamment pourvue ; j'entends depuis le gentleman huissier (au moins) inclusivement, jusqu'au gentleman portier, lesquels sont, généralement parlant, la race d'hommes la plus insignifiante que cette île puisse offrir, et la plus dépourvue de bonnes manières, ce qui est pourtant le seul métier qu'ils professent ; car étant complètement illettrés, et se fréquentant principalement les uns les autres, ils réduisent tout le système du savoir-vivre aux formes en usage dans leurs divers offices ; et comme ils sont au-dessous de l'attention des ministres, ils vivent et meurent à la cour sous toutes les révolutions, avec une grande obséquiosité pour ceux qui jouissent du moindre crédit ou faveur, et avec grossièreté et insolence pour tous les autres. D'où j'ai conclu depuis longtemps que les bonnes manières ne sont pas une plante indigène à la cour ; car si cela était, les gens dont l'intelligence est au niveau de ces sortes de talents, et dont ce fut si longtemps l'unique apprentissage, seraient parvenus à les acquérir. Et, pour ce qui est des grands officiers, attachés à la personne ou aux conseils du prince, ou préposés à la surveillance de sa maison, ce sont des oiseaux de passage, qui n'ont pas plus de titres aux bonnes manières que leurs voisins, et qui probablement n'auront pas recours à messieurs les huissiers pour se faire instruire. De sorte que je vois peu de chose à apprendre à la cour en ce genre, excepté sur l'important chapitre de la toilette, dans lequel l'autorité des filles d'honneur, il faut vraiment le reconnaître, égale presque celle d'une actrice en faveur.

Je me rappelle un fait que m'a conté mylord Bolingbroke, qu'allant recevoir le prince Eugène de Savoie à son débarquement, afin de le conduire immédiatement à la reine, le prince exprima de vifs regrets d'être privé de voir Sa Majesté le soir même, attendu que M. Hoffman (qui était là) avait assuré à Son Altesse qu'il ne pouvait être admis en présence de la reine en perruque courte ; que ses bagages n'étaient point arrivés, et qu'il avait essayé en vain d'en emprunter une longue parmi tous ses valets et ses pages. Mylord tourna la chose en plaisanterie, et mena le prince à Sa Majesté ; ce dont il fut hautement censuré par toute la tribu de messieurs les huissiers, auprès desquels M. Hoffman, une vieille bête de résident de l'Empereur, avait recueilli ce point essentiel de cérémonial, qui était, je crois, la meilleure leçon qu'il eût apprise en vingt-cinq années de résidence.

Je fais une différence entre les bonnes manières et la bonne éducation, quoique, afin de varier mes expressions, je sois parfois forcé de les confondre. Par la première, j'entends simplement l'art de se rappeler et d'appliquer certaines formes convenues de conduite générale. Mais la bonne éducation a une bien plus grande étendue ; car, outre un degré peu commun de littérature suffisant pour mettre un gentleman en état de lire une pièce de théâtre ou un pamphlet politique, elle embrasse un grand cercle de connaissances, qui ne va pas moins qu'à danser, se battre, jouer, faire le tour de l'Italie, monter sur ses grands chevaux et parler français ; sans compter plusieurs autres talents secondaires ou subalternes, qui s'acquièrent plus aisément. En sorte que la différence entre la bonne éducation et les bonnes manières consiste en ceci que la première ne peut être acquise par les meilleures intelligences sans étude ni travail ; tandis qu'un degré tolérable de raison nous enseigne tout ce qui constitue les bonnes manières, sans autre assistance.

Je ne vois rien de plus utile à ce sujet que d'indiquer certaines particularités qui intéressent l'essence même des bonnes manières, et dont la négligence ou l'infraction trouble fort le commerce du monde, en introduisant un malaise mutuel dans les relations de la plupart des compagnies.

Premièrement, une condition indispensable des bonnes manières, c'est d'être ponctuel en fait d'heures, chez nous, chez les autres, ou en lieux tiers, qu'il s'agisse de civilité, d'affaire ou de plaisir ; laquelle règle, quoique dictée par le simple bon sens, n'a pas été plus violée que par le plus grand ministre que j'aie jamais connu, ce qui doublait toute sa besogne, et l'arriérait continuellement. Je l'en raillais souvent, comme d'un manque de bonnes manières. J'ai connu plus d'un ambassadeur et d'un secrétaire d'État, qui, avec une dose très modérée d'intelligence, s'acquittaient de leurs fonctions avec beaucoup de succès et d'applaudissements, par la seule force de l'exactitude et de la régularité. Si vous êtes ponctuel en rendant service, l'obligation en est double ; si c'est à vous qu'on rend service, la négligence serait folie manifeste, aussi bien qu'ingratitude ; s'il y a intérêt commun, forcer votre égal ou votre inférieur de vous attendre à son détriment, c'est orgueil et injustice.

L'ignorance des formes ne saurait proprement s'appeler mauvaises manières, parce que les formes sont sujettes à de fréquents changements, et en conséquence, n'étant pas fondées sur la raison, sont au-dessous de l'attention d'un homme sensé. D'ailleurs, elles varient dans chaque pays, et après un court espace de temps, très souvent dans le même ; en sorte qu'un homme qui voyage doit forcément leur être d'abord étranger dans chaque cour par laquelle il passe, et peut, à son retour, être tout aussi étranger dans la sienne ; et après tout, elles sont plus aisées à se rappeler et à oublier que les visages ou les noms.

Vraiment, entre toutes les impertinences que des jeunes gens superficiels rapportent avec eux du dehors, cette bigoterie de formes est une des principales, et plus tyrannique que tout le reste. Ils les regardent non pas seulement comme si c'étaient des choses susceptibles d'admettre le choix, mais comme des objets d'importance, et sont conséquemment fort zélés en toute occasion à introduire et à propager les nouvelles formes et modes qu'ils ont rapportées ; si bien que, généralement parlant, la personne la moins bien élevée de la compagnie est un jeune voyageur tout frais revenu de l'étranger.

QUELQUES AUTRES IDÉES SUR LES BONNES MANIÈRES

CE QUI PASSE pour les bonnes manières dans le monde produit généralement des effets tout contraires.

Beaucoup de personnes que j'ai connues, et qui passaient pour bien élevées dans leur propre opinion et dans celle du monde, sont en compagnie les plus à charge à elles-mêmes et aux autres.

Il n'est pas de preuve plus grande de mauvaises manières que la flatterie. Si vous flattez tout le monde, vous ne plaisez à personne ; si vous n'en flattez qu'un ou deux, vous insultez le reste.

La flatterie est la pire et la plus fausse manière de montrer votre estime.

Dans toute réunion, je suis convaincu que le peu de gens raisonnables qui s'y trouvent sont tentés à toute minute de maudire ceux d'entre eux, homme ou femme, qui s'efforcent de se distinguer par leurs bonnes manières.

Un homme de sens aimera mieux jeûner jusqu'au soir que de dîner à certaines tables, où la maîtresse de maison est pétrie de bonnes manières, tourmentant, pressant de manger, persécutant de ses civilités. Cela se pratique moins en Angleterre qu'ici.

Les cours sont les pires des écoles pour enseigner les bonnes manières.

Une révérence, un maintien ou une toilette de cour ne font pas partie des bonnes manières ; et c'est pour cela que tout homme de jugement est capable d'être bien élevé en toute circonstance.

Parler de façon à pouvoir offenser aucune personne raisonnable de la compagnie est la plus haute preuve de mauvaises manières. Les bonnes manières consistent beaucoup plus en actions qu'en paroles. La modestie et l'humilité en sont les principaux ingrédients.

J'ai vu la cour d'Angleterre sous quatre règnes, les deux derniers pour peu de temps, et ce que j'y ai observé de bonnes manières ou de politesse n'était pas un produit du sol, mais importé ; car un courtisan de profession, comme messieurs les huissiers, les femmes de chambre, les filles d'honneur…

Des bonnes manières dans la conversation

Des hommes d'esprit et de jugement, et bien élevés, se trompent parfois et offensent en concevant de ceux avec lesquels ils conversent une meilleure opinion qu'ils ne devraient. Ainsi j'ai souvent vu la plus innocente raillerie, et même de ces railleries qui cachent un éloge, être prise pour une attaque et une méchanceté.

De la raillerie et de la manière dont les railleurs devraient être traités.

Des ergoteurs, contradicteurs perpétuels, longs discoureurs, distraits en compagnie, interrupteurs, inattentifs, rieurs bruyants.

De ces hommes et femmes qui ont toujours le sourire sur les lèvres, qui vous parlent avec un sourire, vous plaignent avec un sourire ; etc.

La discussion, telle qu'on la pratique communément, est la pire sorte de conversation ; comme c'est généralement dans les livres la pire sorte de lecture.

Une bonne conversation n'est pas à espérer dans beaucoup de compagnies, parce que peu de gens écoutent, et que l'interruption est continuelle. Mais les bonnes ou mauvaises manières se découvrent, si grande que soit la compagnie.

Viser perpétuellement à l'esprit est un très mauvais genre de conversation. On le fait pour soutenir un rôle ; on échoue généralement ; c'est une sorte d'insulte à la compagnie, et une gêne pour celui qui parle.

Parler de son métier, affaire ou faculté, est un grand manque de bonnes manières. Les ecclésiastiques, les médecins, les hommes de loi, les soldats, les poètes en particulier, sont fréquemment coupables de cette faiblesse. Un poète s'imagine que le royaume tout entier…

Bévues, défectuosités, calamités et infortunes de Quilca[1]

L'ouvrage doit former vingt et un volumes *in-quarto.*

Commencé le 20 avril 1724. Devant continuer chaque semaine s'il est encouragé.

1. Petite maison de campagne que Thomas Sheridan (1719-1788) avait prêtée à Swift, qui a écrit aussi des vers comiques sur Quilca. (*NdT.*)

PAS PLUS D'UNE SERRURE et demie dans toute la maison.

La clef du jardin perdue.

Les bouteilles vides impossibles à nettoyer.

Très peu de verres et tous fêlés.

La maison neuve tombant en ruine avant d'être finie.

Un gond de la porte de la rue brisé, et les gens forcés de sortir et de rentrer par la porte de derrière.

La porte de la chambre à coucher du Doyen pleine de grandes fentes.

Le garde-manger laissant entrer tant de vent qu'il souffle presque les chandelles.

Le lit du Doyen menaçant chaque nuit de s'effondrer sous lui.

La petite table disjointe et brisée.

Les couloirs ouverts au-dessus de sa tête, par lesquels les chats passent continuellement dans le garde-manger, et accomplissent des vols pour lesquels un d'eux a été jugé, condamné et exécuté par le glaive.

La grande table dans une condition fort chancelante.

Dans toute la maison une seule chaise sur laquelle on puisse s'asseoir, et encore est-elle bien malade.

La cuisine perpétuellement encombrée de sauvages.

Impossible de se procurer le moindre morceau de mouton dans le pays.

Absence de lits, et émeute à ce sujet parmi les domestiques, jusqu'à ce qu'on en ait fait venir de Kells.

Un manque remarquable de tous les ustensiles les plus communs et les plus nécessaires.

Pas un morceau de tourbe par ce temps froid ; et mistress Johnson et le Doyen en personne, avec tous leurs domestiques, obligés d'aider à emporter de la tourbière les fonds mouillés des vieilles briques.

La grille de la chambre à coucher des dames brisée au point de devoir être enlevée, ce qui les a forcées d'être sans feu, la cheminée fumant d'une façon intolérable ; et la houppelande du Doyen employée à intercepter le vent de la cheminée, sans quoi elles seraient mortes de froid.

Un messager envoyé à un mille pour emprunter un vieil entonnoir cassé.

Des bouteilles bouchées avec de petits morceaux de bois et d'étoupe, au lieu de liège.

Pas un ustensile pour le feu, excepté une vieille paire de pincettes, qui voyage dans toute la maison, et est employée aussi à tirer la viande du pot, faute d'une grande fourchette.

Chaque domestique fieffé voleur de tout ce qui se boit et se mange, et chaque allant et venant non moins fieffé voleur de tout ce qui est à sa portée.

La broche, tout épointée à chercher du bois dans les fondrières, déchire la viande.

Bellum atque fœminam[1], ou guerre de cuisine entre la bonne et une affreuse clique des deux sexes : elle, pour maintenir l'ordre et la propreté ; eux, pour détruire l'un et l'autre ; et généralement ils sont les vainqueurs.

28 avril. Ce matin, la grande porte de devant tout ouverte, allant et venant de tout son poids sur le gond d'en bas, qui se serait brisé si le Doyen n'était venu par hasard à son secours.

Un trou dans le plancher de la chambre des dames, menaçant à toute heure de rompre quelque jambe.

Deux infernales pointes de fer se dressant sur le bois de lit du Doyen, ce qui le met en danger de se casser le tibia lorsqu'il se lève et qu'il se couche.

Les domestiques des dames et du Doyen prenant vite les manières et les habitudes de volerie indigènes ; les dames elles-mêmes très corrompues ; le Doyen toujours à jeter feu et flammes, et en danger ou de perdre tout ce qu'il a de chair, ou de tomber dans la barbarie par amour de la paix.

Mistress Dingley, pleine de soins pour elle-même, et de négligence et de bévues pour ses amis ; mistress Johnson malade et sans assistance ; le Doyen sourd et faisant du mauvais sang ; la femme de chambre gauche et pataude ; Robert fainéant et oublieux ; William, un impertinent, ignorant et suffisant faquin ; Robin et la bonne, les deux grands et uniques soutiens de la maison.

Bellum lacteum, ou la guerre lactée entre le Doyen et la clique de Quilca ; celle-ci revendiquant son privilège de ne pas traire avant onze heures du matin ; tandis que

1. « Guerre et femelle ».

mistress Johnson a besoin de lait à huit heures pour sa santé. Dans cette bataille le Doyen a remporté la victoire ; mais la clique de Quilca recommence à se révolter, car il est aujourd'hui près de dix heures, et mistress Johnson n'a pas son lait.

Proverbe sur la paresse et les logements des domestiques :

Plus le taudis empeste,
Et plus au lit on reste.

Deux grands trous dans le mur de la chambre à coucher des dames, juste au chevet du lit, et l'un d'eux précisément derrière l'oreiller de mistress Johnson, et à lui seul capable d'éteindre une chandelle par le temps le plus calme.

Modeste Proposition

pour empêcher les enfants des pauvres
en Irlande d'être à la charge de leurs parents
ou de leur pays et pour les rendre utiles
au public

C'EST UNE TRISTE CHOSE pour ceux qui se promènent dans cette grande ville[1] ou voyagent dans la campagne, que de voir les rues, les routes et les portes des cabanes encombrées de mendiantes que suivent trois, quatre ou six enfants tous en haillons et importunant chaque passant pour avoir l'aumône. Ces mères, au lieu d'être en état de travailler pour gagner honnêtement leur vie, sont forcées de passer tout leur temps à mendier de quoi nourrir leurs malheureux enfants, qui, lorsqu'ils grandissent, deviennent voleurs faute d'ouvrage, ou quittent leur cher pays natal pour s'enrôler au service du prétendant en Espagne, ou se vendent aux Barbades.

Tous les partis tombent d'accord, je pense, que ce nombre prodigieux d'enfants sur les bras, sur le dos ou sur les talons de leurs mères, et souvent de leurs pères, est, dans le déplorable état de ce royaume, un très grand fardeau de plus ; c'est pourquoi quiconque trouverait un

1. Dublin. (*NdT.*)

moyen honnête, économique et facile de faire de ces enfants des membres sains et utiles de la communauté, aurait assez bien mérité du public pour qu'on lui érigeât une statue comme sauveur de la nation.

Mais ma sollicitude est loin de se borner aux enfants des mendiants de profession ; elle s'étend beaucoup plus loin, et jusque sur tous les enfants d'un certain âge, qui sont nés de parents aussi peu en état réellement de pourvoir à leurs besoins que ceux qui demandent la charité dans les rues.

Pour ma part, ayant tourné mes pensées depuis bien des années sur cet important sujet, et mûrement pesé les propositions de nos faiseurs de projets, je les ai toujours vus tomber dans des erreurs grossières de calcul. Il est vrai qu'un enfant dont la mère vient d'accoucher peut vivre de son lait pendant une année solaire, avec peu d'autre nourriture, la valeur de deux shillings au plus que la mère peut certainement se procurer, ou l'équivalent en rogatons, dans son légitime métier de mendiante ; et c'est précisément lorsque les enfants sont âgés d'un an que je propose de prendre à leur égard des mesures telles qu'au lieu d'être une charge pour leurs parents ou pour la paroisse, ou de manquer d'aliments et de vêtements le reste de leur vie, ils contribuent, au contraire, à nourrir et en partie à vêtir des milliers de personnes.

Un autre grand avantage de mon projet, c'est qu'il préviendra ces avortements volontaires et cette horrible habitude qu'ont les femmes de tuer leurs bâtards, habitude trop commune, hélas ! parmi nous ; ces sacrifices de pauvres petits innocents (pour éviter la dépense plutôt que la honte, je soupçonne), qui arracheraient des larmes de compassion au cœur le plus inhumain, le plus barbare.

La population de ce royaume étant évaluée d'ordinaire à un million et demi, je calcule que sur ce chiffre il peut y avoir environ deux cent mille couples dont les femmes sont fécondes ; de ce nombre je soustrais trente mille couples, qui sont en état de pourvoir à la subsistance de leurs enfants (quoique je ne pense pas qu'il y en ait autant, dans l'état de détresse où est ce royaume) ; mais en admettant cela, il restera cent soixante-dix mille femmes fécondes. Je soustrais encore cinquante mille pour les fausses couches ou pour les enfants qui meurent d'accident ou de maladie dans l'année. Restent par an cent vingt mille enfants qui naissent de parents pauvres. La question est donc : Comment élever cette multitude d'enfants et pourvoir à leur sort ? Ce qui, comme je l'ai déjà dit, dans l'état présent des affaires, est complètement impossible par les méthodes proposées jusqu'ici. Car nous ne pouvons les employer ni comme artisans ni comme agriculteurs. Nous ne bâtissons pas de maisons (à la campagne, j'entends), et nous ne cultivons pas la terre ; il est fort rare qu'ils puissent vivre de vol avant l'âge de six ans, à moins de dispositions toutes particulières, quoique j'avoue qu'ils en apprennent les rudiments beaucoup plus tôt, durant lequel temps ils peuvent, néanmoins, à proprement parler, être considérés comme de simples aspirants ; ainsi que me l'a expliqué un des principaux habitants du comté de Cavan, qui m'a protesté qu'il n'avait jamais rencontré plus d'un ou deux cas au-dessous de six ans, même dans une partie du royaume si renommée pour sa précocité dans cet art.

Nos négociants m'ont assuré qu'avant douze ans un garçon ou une fille n'est pas un produit vendable ; et même à cet âge ils ne valent pas plus de trois livres, ou tout au plus trois livres et une demi-couronne, à la Bourse, ce qui ne saurait indemniser les parents ni le royaume, les frais de nourriture et de guenilles valant au moins quatre fois autant.

Je proposerai donc humblement mes propres idées qui, je l'espère, ne soulèveront pas la moindre objection.

Un Américain de ma connaissance, homme très entendu, m'a certifié à Londres qu'un jeune enfant bien sain, bien nourri, est, à l'âge d'un an, un aliment délicieux, très nourrissant et très sain, bouilli, rôti, à l'étuvée ou au four, et je ne mets pas en doute qu'il ne puisse également servir en fricassée ou en ragoût.

J'expose donc humblement à la considération du public que des cent vingt mille enfants dont le calcul a été fait, vingt mille peuvent être réservés pour la reproduction de l'espèce, dont seulement un quart de mâles, ce qui est plus qu'on ne réserve pour les moutons, le gros bétail et les porcs ; et ma raison est que ces enfants sont rarement le fruit du mariage, circonstance à laquelle nos sauvages font peu d'attention, c'est pourquoi un mâle suffira au service de quatre femelles ; que les cent mille restant peuvent, à l'âge d'un an, être offerts en vente aux personnes de qualité et de fortune dans tout le royaume, en avertissant toujours la mère de les allaiter copieusement dans le dernier mois, de façon à les rendre dodus et gras pour une bonne table. Un enfant fera deux plats dans un repas d'amis ; et quand la famille dîne seule, le train de devant ou de derrière fera un plat raisonnable, et assaisonné avec un peu de poivre et de sel, sera très bon bouilli le quatrième jour, spécialement en hiver.

J'ai fait le calcul qu'en moyenne un enfant qui vient de naître pèse vingt livres, et que dans l'année solaire, s'il est passablement nourri, il ira à vingt-huit.

J'accorde que cet aliment sera un peu cher, et par conséquent il conviendra très bien aux propriétaires, qui, puisqu'ils ont déjà dévoré la plupart des pères, paraissent avoir le plus de droits sur les enfants.

La chair des enfants sera de saison toute l'année, mais plus abondante en mars, et un peu avant et après, car il est dit par un grave auteur, un éminent médecin français, que, le poisson étant une nourriture prolifique, il naît plus d'enfants dans les pays catholiques romains environ neuf mois après le carême qu'à toute autre époque : c'est pourquoi, en comptant une année après le carême, les marchés seront mieux fournis encore que d'habitude, parce que le nombre des enfants papistes est au moins de trois contre un dans ce royaume ; cela aura donc un autre avantage, celui de diminuer le nombre des papistes parmi nous.

J'ai déjà calculé que les frais de nourriture d'un enfant de mendiant (et je fais entrer dans cette liste tous les *cottagers* [1], les journaliers et les quatre cinquièmes des fermiers) étaient d'environ deux shillings par an, guenilles comprises ; et je crois qu'aucun gentleman ne se plaindra de donner dix shillings pour le corps d'un enfant bien gras, qui, comme j'ai dit, fera quatre plats d'excellente

1. Ceux qui ont une chaumière à eux. (*NdT.*)

viande nutritive, lorsqu'il n'aura que quelque ami particulier ou son propre ménage à dîner avec lui. Le squire apprendra ainsi à être un bon propriétaire, et deviendra populaire parmi ses tenanciers ; la mère aura huit shillings de profit net, et sera en état de travailler jusqu'à ce qu'elle produise un autre enfant.

Ceux qui sont plus économes (et je dois convenir que les temps le demandent) peuvent écorcher le corps ; la peau, artistement préparée, fera d'admirables gants pour les dames, et des bottes d'été pour les beaux messieurs.

Quant à notre cité de Dublin, des abattoirs peuvent être affectés à cet emploi dans les endroits les plus convenables, et les bouchers ne manqueront pas assurément ; toutefois je recommande d'acheter de préférence des enfants vivants, et de les préparer tout chauds sortant du couteau, comme nous faisons pour les porcs à rôtir.

Une très digne personne, qui aime sincèrement son pays et dont j'estime hautement les vertus, a bien voulu dernièrement, en discourant sur cette matière, proposer un amendement à mon projet. Elle a dit que nombre de gentlemen de ce royaume ayant détruit, depuis peu, leur gros gibier, elle croyait que l'on pouvait suppléer à ce manque de venaison par des corps de jeunes garçons et de jeunes filles, pas au-dessus de quatorze ans et pas au-dessous de douze, tant d'enfants des deux sexes étant en ce moment menacés de mourir de faim, faute d'ouvrage ou de service ; et les parents, s'ils sont encore en vie, ou, à défaut de ceux-ci, leurs plus proches parents étant tout disposés à s'en défaire. Mais avec toute la déférence due à un si excellent ami et à un si digne patriote, je ne puis être tout à fait de son sentiment ; car pour ce qui est des mâles, l'Américain que je connais m'a assuré, pour en avoir souvent fait l'expérience, que leur chair était généralement dure et maigre, comme celle de nos écoliers, et que les engraisser ne paierait pas les frais. Quant aux femelles, ce serait, je pense, en toute soumission, une perte pour le public, parce que bientôt elles deviendraient fécondes elles-mêmes. Et d'ailleurs, il n'est pas improbable que des gens scrupuleux seraient portés à censurer cette mesure (quoique bien injustement, il est vrai), comme frisant un peu la cruauté ; ce qui, je l'avoue, a toujours été, à mes yeux, la plus forte objection contre tout projet, quelque bonne qu'en soit l'intention.

Mais je dois dire à la justification de mon ami, qu'il confessa que cet expédient lui avait été mis en tête par le fameux Psalmanazar, natif de l'île de Formose, qui vint à Londres il n'y a pas plus de vingt ans, et raconta à mon ami que, dans son pays, chaque fois qu'on mettait quelqu'un de jeune à mort, l'exécuteur vendait le corps à des personnes de qualité, comme une grande friandise ; et que de son temps le corps d'une fille dodue de quinze ans, qui avait été crucifiée pour une tentative d'empoisonnement sur l'empereur, fut vendu au Premier ministre de Sa Majesté impériale, et autres grands mandarins de la cour, par quartiers, au sortir du gibet, pour quatre cents couronnes [1]. En effet, je ne puis nier que si

1. Cette anecdote est empruntée à la *Description de l'île Formose*, par ce très extraordinaire imposteur George Psalmanazar, qui passa pendant quelque temps pour un natif de cette lointaine contrée. Il publia plus tard une rétractation de ses mensonges, avec beaucoup de témoignages de contrition, mais où perçait une rancune fort naturelle contre ceux qui l'avaient démasqué. Voici la traduction du passage auquel il est fait allusion dans le texte : « Nous mangeons aussi la

on tirait le même parti de plusieurs dodues jeunes filles de cette ville, qui, sans un sou de fortune, ne peuvent sortir qu'en chaise à porteurs, et se montrent à la comédie et aux assemblées dans des toilettes venues de l'étranger et qu'elles ne payeront jamais, le royaume ne s'en trouverait pas plus mal.

Quelques personnes portées au découragement sont fort inquiètes de ce grand nombre de pauvres gens, qui sont âgés, malades ou estropiés, et j'ai été prié de chercher dans ma tête ce que l'on pourrait faire pour soulager la nation d'une si lourde charge. Mais je ne suis pas le

chair humaine, ce qui, j'en suis convaincu maintenant, est une coutume barbare, quoique nous ne la pratiquions que sur nos ennemis déclarés, tués ou pris sur le champ de bataille, ou bien sur les malfaiteurs légalement exécutés. La chair de ceux-ci est notre plus grande friandise, et quatre fois plus chère que la viande la plus rare et la plus délicieuse. Nous l'achetons de l'exécuteur, car les corps de tous les condamnés à la peine capitale sont ses profits. Aussitôt que le criminel est mort, il coupe son corps en morceaux, en exprime le sang et fait de sa maison un étal pour la chair d'homme et de femme, où viennent acheter tous ceux qui en ont le moyen. Je me souviens qu'il y a une dizaine d'années, une grande, fraîche, jolie et grasse jeune fille d'environ dix-neuf ans, dame d'atours de la reine, fut reconnue coupable de haute trahison, pour avoir voulu empoisonner le roi ; en conséquence, elle fut condamnée à subir la plus cruelle mort qu'on pourrait inventer, et sa sentence fut d'être mise en croix et tenue vivante aussi longtemps que possible. La sentence fut mise à exécution ; lorsqu'elle s'évanouissait de douleur, le bourreau lui donnait des liqueurs fortes, etc., pour la ranimer. Le sixième jour elle mourut. Ses longues souffrances, sa jeunesse et sa bonne constitution rendirent sa chair si tendre, si délicieuse et d'un tel prix, que l'exécuteur la vendit pour plus de huit tailles, car il y avait une telle presse à ce marché inhumain, que des gens du grand monde s'estimaient heureux s'ils parvenaient à en acheter une ou deux livres. » Londres, 1705, p. 112. (*NdT.*)

moins du monde embarrassé à ce sujet, car il est bien connu qu'ils meurent et pourrissent chaque jour de froid et de faim, de saleté et de vermine, aussi vite qu'on peut raisonnablement s'y attendre. Et quant aux jeunes journaliers, leur état aujourd'hui donne presque autant d'espérance : ils ne trouvent pas d'ouvrage et par conséquent dépérissent faute de nourriture, à un degré tel que si, par hasard, on leur confie le plus simple travail, ils n'ont pas la force de le faire ; et ainsi le pays et eux-mêmes sont heureusement délivrés des maux à venir.

Cette digression est trop longue, et je reviens à mon sujet. Je crois que les avantages de ma proposition sont évidents et nombreux, ainsi que de la plus haute importance.

Premièrement, comme je l'ai déjà fait observer, elle diminuerait considérablement le nombre des papistes dont nous sommes inondés tous les ans, car ce sont les plus grands faiseurs d'enfants de la nation, aussi bien que ses plus dangereux ennemis ; et s'ils restent au pays, c'est afin de livrer le royaume au Prétendant, espérant profiter de l'absence de tant de bons protestants, qui ont mieux aimé s'expatrier que de rester chez eux et de payer la dîme à un curé épiscopal contre leur conscience.

Deuxièmement. Les plus pauvres tenanciers auront quelque chose à eux que la justice pourra saisir et affecter au payement de la rente de leur propriétaire, leur blé et leur bétail étant déjà saisis et l'argent une chose inconnue.

Troisièmement. Attendu que l'entretien de cent mille enfants de deux ans et au-dessus ne peut être évalué à moins de dix shillings par tête et par année, l'avoir de la nation s'accroîtra par là de cinquante mille livres par an, outre le profit d'un nouveau plat introduit sur les tables de tous les gens riches du royaume qui ont quelque délicatesse de goût ; et l'argent circulera parmi nous, l'article étant entièrement de notre cru et de notre fabrication.

Quatrièmement. Les producteurs réguliers, outre le gain annuel de huit shillings sterling par la vente de leurs enfants, seront quittes de leur entretien après la première année.

Cinquièmement. Cet aliment amènera aussi beaucoup de consommateurs aux tavernes, où les cabaretiers auront certainement la précaution de se procurer les meilleures recettes pour l'accommoder dans la perfection, et, conséquemment, auront leurs maisons fréquentées par tous les beaux messieurs qui s'estiment fort justement en raison de leurs connaissances en cuisine ; et un cuisinier habile, qui sait comment on engage ses hôtes, saura bien rendre celle-ci aussi coûteuse qu'il leur plaira.

Sixièmement. Ce serait un grand stimulant au mariage, que toutes les nations sensées ont encouragé par des récompenses ou imposé par des lois et des pénalités. Cela augmenterait le soin et la tendresse des mères pour leurs enfants, lorsqu'elles seraient sûres d'un établissement pour ces pauvres petits, soutenus en quelque chose aux frais et au profit du public. Nous verrions une honnête émulation entre les femmes mariées à qui apporterait au marché l'enfant le plus gras. Les hommes deviendraient aussi aux petits soins pour leurs femmes en état de grossesse qu'ils le sont aujourd'hui pour leurs juments, leurs vaches et leurs truies prêtes à mettre bas, et ils ne les menaceraient plus ni du poing ni du pied (comme ils en ont trop souvent l'habitude), de peur d'avortement.

On pourrait énumérer bien d'autres avantages. Par exemple, l'addition de plusieurs milliers d'animaux à notre exportation de bœuf en baril, la consommation plus abondante de la chair de porc, et un perfectionnement dans la manière de faire de bon lard, dont nous manquons si fort, par suite de la grande destruction des cochons de lait, qui se servent trop souvent sur notre table, et qui ne sont nullement comparables, comme goût et comme magnificence, à un enfant d'un an, gras et d'une belle venue, qui, rôti tout entier, fera une figure considérable à un repas de lord-maire, ou à tout autre festin public. Mais cela et beaucoup d'autres choses, je n'en parle pas, tenant à être bref.

En supposant qu'un millier de familles de cette ville achèteraient régulièrement de la viande d'enfant, indépendamment de ce qui s'en consommerait dans les parties de plaisir, particulièrement aux noces et baptêmes, je calcule que Dublin en prendrait environ vingt mille par an, et le reste du royaume (où probablement il se vendrait un peu meilleur marché), les quatre-vingt mille autres.

Je ne prévois aucune objection possible à ma proposition, à moins qu'on n'allègue que le chiffre de la population en sera fort abaissé. Cela, je l'avoue franchement, et c'est même une des principales raisons pour lesquelles je l'ai faite. Je prie le lecteur d'observer que mon remède n'est destiné qu'à ce seul et unique royaume d'Irlande, et à aucun autre qui ait jamais existé ou qui puisse, je crois, jamais exister sur la terre. Qu'on ne me parle donc pas d'autres expédients : de taxer nos *absentees* à cinq shillings par livre ; de n'acheter ni vêtements, ni meubles qui ne soient de notre cru et de nos fabriques ; de rejeter complètement les matières et instruments qui encouragent le luxe étranger ; de guérir nos femmes des dépenses qu'elles font par orgueil, par vanité, par oisiveté et au jeu ; d'introduire une veine d'économie, de prudence et de tempérance ; d'apprendre à aimer notre pays, ce qui nous manque bien plus qu'aux Lapons même et aux Topinambous ; de cesser nos animosités et nos factions, et de ne plus faire comme les Juifs, qui s'égorgeaient les uns les autres au moment même où on prit leur ville ; de prendre un peu plus garde de ne pas vendre notre pays et notre conscience pour rien ; d'enseigner aux propriétaires à avoir au moins un degré de miséricorde pour leurs tenanciers ; enfin, de faire entrer un peu d'honnêteté, d'industrie et de savoir-faire dans l'esprit de nos boutiquiers qui, si la résolution pouvait être prise de n'acheter que nos marchandises, s'entendraient immédiatement pour nous tromper et nous rançonner sur le prix, la mesure et la qualité, et n'ont jamais pu encore se décider à faire une honnête proposition de trafic loyal, malgré de fréquentes et vives invitations.

C'est pourquoi, je le répète, que personne ne me parle de ces expédients et autres semblables, jusqu'à ce qu'il ait au moins quelque lueur d'espoir qu'on essayera de tout cœur et sincèrement de les mettre en pratique.

Mais, quant à moi, las de voir offrir, depuis maintes années, une foule de futiles et oiseuses visions, je désespérais entièrement du succès, lorsque je suis tombé par bonheur sur cette proposition, qui, outre qu'elle est tout à fait neuve, a quelque chose de solide et de réel, n'entraîne aucune dépense et exige peu de soins, est tout à fait dans nos moyens, et ne nous expose nullement à désobliger l'Angleterre. Car cette sorte de denrée ne supporte pas l'exportation, cette viande étant d'une consistance trop tendre pour rester longtemps dans le sel, quoique peut-être je puisse nommer un pays qui ne demanderait pas mieux que de manger notre nation tout entière sans cet assaisonnement.

Après tout, je ne suis pas tellement coiffé de mon idée que je rejette toute proposition, faite par des hommes sensés, qui serait jugée aussi innocente et peu coûteuse, aussi facile et efficace. Mais avant qu'on en mette une de cette espèce en concurrence avec la mienne, et qu'on en présente une meilleure, je désire que son auteur, ou ses auteurs, veuille bien considérer mûrement deux points : premièrement, dans la condition où sont les choses, comment ils seront en état de trouver le vivre et le couvert pour cent mille bouches et dos inutiles ; et, deuxièmement, comme il existe dans ce royaume un million de créatures à figure humaine que tous leurs moyens de subsistance mis en commun laisseraient en dette de deux millions de livres sterling, ajoutant ceux qui sont mendiants de profession à la masse de fermiers, *cottagers* et journaliers avec femmes et enfants, qui sont mendiants de fait, j'invite les hommes politiques à qui mon ouverture déplaira, et qui auront peut-être la hardiesse de tenter une réponse, à demander d'abord aux parents de ces mortels, si, à l'heure qu'il est, ils ne regarderaient pas comme un grand bonheur d'avoir été vendus pour être mangés à l'âge d'un an, de la façon que je prescris, et d'avoir évité par là toute la série d'infortunes par lesquelles ils ont passé, et l'oppression des propriétaires, et l'impossibilité de payer leur rente sans argent ni commerce, et le manque de moyens les plus ordinaires de subsistance ainsi que d'un toit et d'un habit pour les préserver des intempéries du temps, et la perspective inévitable de léguer un tel sort, ou des misères encore plus grandes, à leur postérité jusqu'à la consommation des siècles.

Je déclare, dans la sincérité de mon cœur, que je n'ai pas le moindre intérêt personnel à poursuivre le succès de cette œuvre nécessaire, n'ayant d'autre motif que le bien public de mon pays, que de faire aller le commerce, assurer le sort des enfants, soulager les pauvres, et procurer des jouissances aux riches. Je n'ai plus d'enfant dont je puisse me proposer de tirer un sou, le plus jeune ayant neuf ans, et ma femme n'étant plus d'âge à en avoir.

Prédictions pour l'année 1708

Prédictions pour l'année 1708

dans lesquelles le mois et le jour du mois sont indiqués, les personnes nommées et les grands événements de l'année prochaine relatés en détail, tels qu'ils doivent advenir ; écrites pour empêcher le peuple d'Angleterre d'être dorénavant la dupe des faiseurs d'almanachs vulgaires, par Isaac Bickerstaff, esq.

J'ai réfléchi aux grossiers abus de l'astrologie dans ce royaume, et en discutant la chose à part moi, j'ai dû jeter la faute, non sur l'art lui-même, mais sur les vils imposteurs qui s'en donnent pour les interprètes. Je sais que plusieurs personnes fort instruites ont soutenu que ce n'était que tromperie ; qu'il est absurde et ridicule de s'imaginer que les astres puissent avoir aucune espèce d'influence sur les actions, pensées ou inclinations humaines ; et quiconque n'a pas dirigé ses études de ce côté est excusable de le croire, lorsqu'il voit de quelle misérable manière ce noble art est pratiqué par un petit nombre de bas et ignares trafiquants entre nous et les astres ; lesquels importent annuellement toute une cargaison d'absurdités, de mensonges, de folies et d'impertinences, qu'ils offrent au monde comme venant tout droit des planètes, quoiqu'elles ne descendent pas de plus haut que leur propre cerveau.

Mon intention est de publier dans peu de temps une grande apologie raisonnée de cet art ; c'est pourquoi je ne dirai rien à sa justification quant à présent, si ce n'est qu'il a été défendu de tout temps par une foule d'hommes éclairés, et entre autres par Socrate en personne, que je considère comme incontestablement le plus sage des mortels non inspirés ; et si à cela nous ajoutons que ceux qui ont condamné cet art, quoique instruits d'ailleurs, ou n'avaient pas étudié la matière, ou du moins n'avaient pas réussi dans cette étude, leur témoignage ne sera pas d'un grand poids contre lui, puisqu'ils sont passibles du reproche ordinaire de condamner ce qu'ils n'ont pas compris.

Je ne suis nullement offensé non plus, et je ne crois pas que ce soit une injure pour cet art, quand je vois les gens qui en font métier, les étudiants en astrologie, les philomathes et le reste de cette clique, traités par les gens sensés avec le dédain et le mépris le plus profond ; mais je suis bien plutôt étonné, quand je remarque des gentlemen de province, assez riches pour servir la nation au Parlement, étudiant l'almanach de Partridge pour y trouver les événements de l'année, au-dedans et au-dehors, et n'osant pas proposer une partie de chasse sans que Gadbury[1] ou lui aient déterminé le temps qu'il ferait.

1. John Gadbury, tailleur de son métier, mais tailleur d'Oxford, publia longtemps un almanach, qui rivalisait de réputation avec celui de Partridge, lequel, étant un piètre cordonnier de Londres, ne pouvait pas être supposé aussi savant. Mais il compensait cette infériorité par son effronterie ; et ce cordonnier et ce tailleur trouvèrent des

Je suis prêt à reconnaître que l'un ou l'autre de ces deux hommes, ou tout autre membre de cette confrérie, est non seulement astrologue, mais sorcier, qui plus est, si je ne produis pas une centaine de preuves tirées de leurs almanachs, capables de convaincre tout homme raisonnable qu'ils ne comprennent même pas la grammaire et la syntaxe la plus simple ; qu'ils ne sont pas en état de lire n'importe quel mot qui ne soit pas tout à fait banal, ni même dans leurs préfaces d'écrire rien qui ait le sens commun, ou qui soit en anglais intelligible. Quant à leurs observations et prédictions, elles sont de nature à convenir également bien à toutes les époques et à tous les pays du monde. « Ce mois-ci certain grand personnage sera menacé de mort ou de maladie. » Cela, les gazettes le leur diront ; car nous y voyons à la fin de l'année qu'il ne se passe pas de mois où il ne meure quelque personne de marque, et ce serait jouer de malheur s'il en était autrement, lorsqu'il y a au moins deux mille personnes de marque dans ce royaume, dont plusieurs âgées, et lorsque le faiseur d'almanach a la liberté de choisir la saison la plus malsaine pour y fixer sa prédiction. Et celle-ci : « Ce mois verra la promotion d'un éminent ecclésiastique. » Mais ces ecclésiastiques-là, il peut y en avoir des centaines, dont la moitié a un pied dans la tombe. Et encore : « Telle planète dans tel signe annonce de grandes machinations et conspirations, qui peuvent à un moment donné être mises en lumière » ;

partisans qui s'enrôlèrent dans leurs factions séparées, tandis qu'ils se contestaient l'un l'autre leurs droits à prophétiser juste et à connaître l'influence cachée des corps célestes. (*NdT.*)

après quoi, si nous apprenons que quelque chose se soit réalisé, l'astrologue en a l'honneur ; dans le cas contraire, ses prédictions n'en restent pas moins bonnes. Et enfin : « Dieu préserve le roi Guillaume de tous ses ennemis déclarés ou secrets ! *Amen* ! » Et alors si le roi venait à mourir, l'astrologue l'aurait clairement prophétisé ; dans l'autre cas, ce n'est que la pieuse éjaculation d'un loyal sujet ; le malheur voulut pourtant que dans quelques-uns de leurs almanachs on pria pour la vie du pauvre roi Guillaume plusieurs mois après sa mort, parce qu'il lui arriva de mourir vers le commencement de l'année.

Mais pour ne plus parler de leurs impertinentes prédictions, qu'avons-nous à faire de leurs avertissements au sujet de « pilules et potions pour la maladie vénérienne ? » ou de leurs querelles de Whig et de Tory, en vers et en prose, qui intéressent peu les astres ?

Ayant longtemps observé et déploré ces abus, et une centaine d'autres dont l'énumération serait fastidieuse, j'ai résolu de prendre une nouvelle voie, à la satisfaction générale, je n'en doute pas, du royaume. Je ne puis présenter cette année qu'un échantillon de ce que je compte faire à l'avenir, ayant employé la plus grande partie de mon temps à ajuster et corriger les calculs que j'ai faits depuis plusieurs années, parce que je ne voulais rien offrir au monde dont je ne fusse aussi pleinement convaincu que je le suis d'être vivant. Depuis deux ans, je ne me suis pas trompé sur plus d'un ou deux points, et cela de très peu d'importance. J'ai prédit exactement l'échec de Toulon [1] dans tous ses détails, et la perte de

1. En 1707, une tentative d'assiéger Toulon fut faite par le prince Eugène et le duc de Savoie, soutenus par la flotte anglaise que commandait sir Cloudesly Shovel ; mais cette tentative échoua. (*NdT.*)

l'amiral Shovel[1]. Seulement, je me suis mépris sur le jour, étant en avance de trente-six heures sur la date réelle ; mais en revoyant mes thèmes, j'ai promptement trouvé la cause de cette erreur. J'ai prédit également la bataille d'Almanza[2] aux jour et heure précis, avec la perte des deux côtés et les conséquences qu'elle eut. Le tout fut montré par moi à quelques-uns de mes amis plusieurs mois avant l'événement ; c'est-à-dire que je leur donnai des papiers cachetés, destinés à être ouverts à une certaine époque, passé laquelle ils étaient libres de les lire ; et ils y trouvèrent mes prédictions exactes sur tous les points, sauf une ou deux circonstances tout à fait minimes.

Quant aux quelques prédictions que je vais offrir au monde, je me suis abstenu de les publier, jusqu'au jour où je lus plusieurs almanachs pour l'année dans laquelle nous venons d'entrer. Je les ai tous trouvés tenant leur langage ordinaire, et je prie le lecteur de comparer leur style au mien ; et ici je ne crains pas de dire au monde que j'engage tout le crédit de mon art sur la vérité de ces prédictions ; et je permets à Partridge et au reste de sa bande de me conspuer comme un fripon et un imposteur, si je me méprends sur aucune particularité de quelque conséquence. Je crois que tout homme qui lira ce papier m'accordera au moins autant d'honnêteté et d'intelligence qu'en a le commun des faiseurs d'almanachs. Je ne me tiens pas dans l'ombre ; je ne suis pas

1. La flotte de sir Cloudesly Shovel fit naufrage le 22 octobre 1707. (*NdT.*)
2. La bataille d'Almanza fut livrée le 25 avril 1707. (*NdT.*)

tout à fait inconnu dans le monde ; j'ai signé mon nom tout au long pour qu'il soit en butte à l'opprobre des hommes, s'ils découvrent que je les ai trompés.

Il est un seul point sur lequel je dois demander qu'on m'excuse, c'est la réserve avec laquelle je parle des affaires de l'intérieur ; non seulement il serait imprudent à moi de divulguer les secrets de l'État, mais ce serait m'exposer à des dangers personnels ; quant aux choses moins graves, et qui n'ont pas la même importance publique, je serai très explicite, et la justesse de mes conjectures ressortira aussi bien de celles-ci que des autres. Pour ce qui est des événements les plus remarquables de France, de Flandre, d'Italie et d'Espagne, je ne me ferai aucun scrupule de les prédire dans les termes les plus clairs : quelques-uns sont de conséquence, et j'espère me tromper rarement sur le jour où ils arriveront : c'est pourquoi je crois bon d'informer le lecteur que j'emploierai tout le temps le vieux style observé en Angleterre, que je l'invite à comparer avec celui des gazettes, à l'époque où elles relateront les faits que je mentionne.

Je dois ajouter encore un mot. Je sais que l'opinion de plusieurs savantes personnes, qui ont une assez bonne idée de la vérité de l'astrologie, a été que les astres influencent seulement et ne violentent pas la conduite et la volonté des hommes ; c'est pourquoi, bien que je suive les règles voulues, il ne serait pas prudent à moi d'affirmer positivement que les événements se produiront exactement tels que je les prédis.

J'espère avoir mûrement pesé cette objection qui, dans certains cas, n'est pas d'une médiocre valeur. Par exemple, un homme, par l'influence d'une planète dominante, peut être disposé ou enclin au libertinage, à la colère ou à l'avarice, et cependant, à force de raison, triompher de cette mauvaise influence ; et ce fut le cas de Socrate. Mais les grands événements du monde dépendant d'ordinaire d'un grand nombre d'hommes, il n'est pas probable que ces hommes vont tous s'entendre pour traverser leur penchant à poursuivre un but sur lequel ils sont tous d'accord. D'ailleurs, l'influence des astres s'exerce sur beaucoup d'actions et d'événements qui échappent complètement au contrôle de la raison, tels que la maladie, la mort, et ce qu'on appelle communément accidents, ainsi que bien d'autres inutiles à énumérer.

Mais il est temps de procéder à mes prédictions, que j'ai commencé à calculer du moment où le soleil entre dans le Bélier. Et je considère cette époque comme le commencement de l'année naturelle. Je les poursuis jusqu'à ce qu'il entre dans la Balance, ou un peu au-delà, ce qui est la période occupée de l'année. Le reste, je ne l'ai point encore ajusté, par suite de plusieurs empêchements qu'il n'est pas nécessaire de mentionner ici. En outre, je dois rappeler de nouveau au lecteur que cela n'est qu'un échantillon de ce que j'ai dessein de traiter plus au long les années suivantes, si j'ai liberté et encouragement.

Ma première prédiction n'est qu'une bagatelle ; cependant je la donnerai, pour faire voir à quel point ces sottes bêtes qui se donnent pour astrologues ignorent ce qui les concerne personnellement ; elle a trait à Partridge, le faiseur d'almanachs. J'ai consulté d'après mes propres règles l'astre de sa nativité, et je vois qu'il mourra infailliblement le 29 mars prochain, vers onze heures du soir, d'une fièvre chaude ; je lui conseille donc d'y faire attention, et de régler à temps ses affaires.

Le mois d'avril sera remarquable par la mort de plusieurs grands personnages. Le 4, mourra le cardinal de Noailles, archevêque de Paris ; le 11, le jeune prince des Asturies, fils du duc d'Anjou ; le 14, un grand pair de ce royaume mourra à sa campagne ; le 19, un vieux savant laïque de grande réputation, et le 23, un éminent orfèvre de Lombard Street. J'en pourrais citer d'autres, au-dedans et au-dehors, si je ne considérais de tels événements comme fort peu utiles ou instructifs pour le lecteur ou pour le monde.

Quant aux affaires publiques : le 7 de ce mois il y aura une insurrection dans le Dauphiné, occasionnée par l'oppression qui pèse sur le peuple, et elle ne sera pas apaisée de quelques mois.

Le 15, il y aura une violente tempête sur la côte méridionale de la France, qui détruira plusieurs de ses vaisseaux, et quelques-uns dans les ports mêmes.

Le 19 sera fameux par la révolte de toute une province ou d'un royaume, à l'exception d'une seule ville, par suite de quoi les affaires de certain prince de l'alliance prendront une meilleure tournure.

Mai, contre les conjectures ordinaires, ne sera pas un mois très rempli en Europe, mais très important par la mort du dauphin, qui aura lieu le 7, après une courte maladie et de grandes douleurs de strangurie. Il meurt moins regretté de la cour que du royaume.

Le 3, un maréchal de France se cassera la jambe d'une chute de cheval. Je n'ai pas pu découvrir s'il en mourra ou non.

Le 11, commencera un siège très important, sur lequel toute l'Europe aura les yeux. Je ne puis préciser davantage ; car, en relatant des affaires qui concernent de si près les alliés, et par conséquent ce royaume, je suis tenu à des réserves, pour plusieurs raisons qui sautent aux yeux du lecteur.

Le 15, arrivera la nouvelle d'un événement si surprenant que je ne sais rien de plus inattendu.

Le 19, trois nobles dames de ce royaume, contre toute attente, se trouveront enceintes, à la grande joie de leurs maris.

Le 23, un fameux bouffon du théâtre mourra d'une mort ridicule, en rapport avec sa condition.

Juin. Ce mois se distinguera à l'intérieur par l'entière dispersion de ces aveugles et ridicules fanatiques, communément appelés les Prophètes [1], laquelle sera due

1. Les protestants du Dauphiné, appelés « camisards », poussés à bout par la persécution, tombèrent naturellement dans le fanatisme, et mêlèrent des miracles et des prophéties à leur ferveur religieuse. Ceux qui s'étaient réfugiés en Angleterre attirèrent fortement l'attention sous l'appellation « Prophètes français », et soulevèrent beaucoup de discussions dans la presse et dans la chaire. En 1707-1708, John Lacy, esq., se convertit ; et, dans la préface d'un de ses absurdes livres, intitulé *Un cri du désert*, il en appelle avec confiance à « la matière et économie de quatre ou cinq cents avertissements prophétiques donnés en état d'extase à Londres ». Comme à ces fanatiques il se mêla des imposteurs, les conséquences commencèrent à prendre un aspect assez alarmant. Mais ils furent assez téméraires pour entreprendre de ressusciter un mort, et ayant échoué, comme de raison, ils furent en butte à la risée générale : ce à quoi une pièce, appelée les *Prophètes modernes*, et écrite par Durfy, ne contribua pas peu. (*NdT.*)

principalement à ce qu'ils auront vu venir l'époque où nombre de leurs prophéties auraient dû s'accomplir, et seront désabusés par des événements contraires. Il est vraiment étonnant qu'aucun fourbe soit assez niais pour prédire à si courte échéance, alors que fort peu de mois doivent de toute nécessité découvrir l'imposture à tout l'univers ; moins prudent sous ce rapport que les faiseurs d'almanachs, qui ont le bon esprit de se borner à des généralités, de parler d'une façon ambiguë, et de laisser au lecteur le soin de l'interprétation.

Le 1er de ce mois, un général français sera tué par un boulet perdu.

Le 6, un incendie éclatera dans les faubourgs de Paris, qui détruira plus de mille maisons, et semble être l'avant-coureur de ce qui arrivera, à la surprise de toute l'Europe, vers la fin du mois suivant.

Le 10, une grande bataille sera livrée, qui commencera à quatre heures de l'après-midi, et durera jusqu'à neuf heures, avec grand acharnement, mais sans résultat bien décisif. Je ne nommerai point le lieu, pour les raisons déjà dites ; mais les commandants de chaque aile gauche seront tués. Je vois les feux de joie et j'entends le bruit des canons en l'honneur de la victoire.

Le 14, il courra un faux bruit de la mort du roi de France.

Le 20, le cardinal Portocarero mourra de dysenterie, avec grand soupçon d'empoisonnement ; mais le bruit de son intention de se révolter contre le roi Charles se trouvera faux.

Juillet. Le 6 de ce mois, certain général recouvrera, par une action glorieuse, la réputation que lui avaient fait perdre d'anciens malheurs.

Le 12, un grand capitaine mourra prisonnier aux mains de ses ennemis.

Le 14, une abominable découverte sera faite d'un jésuite français donnant du poison à un grand général étranger ; et lorsqu'il sera mis à la torture, il fera de merveilleuses révélations.

Bref, on verrait qu'il se passera beaucoup de choses dans ce mois, si j'étais libre d'entrer dans le détail.

Au-dedans arrivera, le 15, la mort d'un fameux sénateur à sa campagne, usé par l'âge et les maladies.

Mais ce qui rendra ce mois à tout jamais mémorable, c'est la mort du roi de France, Louis XIV, après une semaine de maladie, à Marly, et qui aura lieu le 29, sur les six heures du soir. Elle paraît avoir pour cause la goutte dans l'estomac, suivie de dysenterie. Et, trois jours après, M. Chamillart suivra son maître, mourant d'apoplexie foudroyante.

Dans ce mois également un ambassadeur mourra à Londres ; mais je ne puis assigner le jour.

Août. Les affaires de France sembleront pendant quelque temps n'être changées en rien sous l'administration du duc de Bourgogne ; mais le génie qui animait toute la machine étant parti, il en résultera des retours et révolutions considérables dans l'année suivante. Le nouveau roi fait encore peu de changements soit dans l'armée soit dans le ministère, mais les libelles contre son grand-père, qui circulent jusque dans sa cour, lui causent du tourment.

Je vois un exprès en toute hâte, la joie et l'étonnement dans les yeux, arriver au point du jour, le 26 de ce mois, ayant fait en trois jours un prodigieux voyage sur terre et sur mer. Le soir, j'entends les cloches et le canon, et je vois briller mille feux de joie.

Un jeune amiral de noble naissance se fait, ce même mois, un honneur immortel par un grand exploit.

Les affaires de Pologne seront entièrement réglées dans ce mois : Auguste renonce à ses prétentions, qu'il avait reprises depuis quelque temps ; Stanislas est mis pacifiquement en possession du trône, et le roi de Suède se déclare pour l'empereur.

Je ne puis omettre un accident particulier ici à l'intérieur : à savoir les suites fâcheuses qu'aura, vers la fin de ce mois, à la foire de la Saint-Barthélemy, la chute d'une baraque.

Septembre. Ce mois commence par une très surprenante gelée, qui durera près de douze jours.

Le pape, après avoir longtemps langui le mois d'avant, l'enflure de ses jambes s'étant ouverte et la gangrène s'y étant mise, mourra le 11 courant, et au bout de trois semaines, après une lutte violente, sera remplacé par un cardinal du parti impérial, mais toscan, qui est âgé maintenant d'environ soixante et un ans.

L'armée française se tient à présent tout à fait sur la défensive, puissamment fortifiée dans ses retranchements, et le jeune roi envoie des ouvertures de paix par le duc de Mantoue ; mais comme c'est une affaire d'État qui nous concerne ici chez nous, je n'en parlerai pas plus au long.

Je n'ajouterai plus qu'une prédiction, et celle-là dans des termes mystérieux que j'emprunte à Virgile :

> *Alter erit tum* Tiphys, *et altera, quæ vehat,* Argo,
> *Delectos heroas*[1].

Le 25 de ce mois, l'accomplissement de cette prédiction sera manifeste pour tout le monde.

Je n'ai pas été plus loin dans mes calculs pour la présente année. Je ne prétends pas que soient là tous les grands événements qui surviendront dans cette période ; mais que tous ceux que j'ai indiqués arriveront infailliblement. On insistera peut-être sur ce que je n'ai pas parlé plus en détail des affaires de l'intérieur, ou du succès de nos armées au-dehors, ce qu'il m'eût été permis et possible de faire très amplement ; mais ceux qui sont au pouvoir ont sagement découragé les gens de s'immiscer dans les intérêts publics, et j'étais résolu à ne donner aucun sujet d'offense. Tout ce que je me hasarderai à dire, c'est que ce sera une glorieuse campagne pour les alliés, où les forces anglaises, tant sur mer que sur terre, auront leur pleine part d'honneur ; que Sa Majesté la reine Anne continuera d'être en santé et prospérité, et qu'il n'arrivera de fâcheux accident à aucune personne du principal ministère.

Quant aux événements particuliers dont j'ai fait mention, le lecteur pourra juger, par leur accomplissement, si je vais de pair avec les astrologues du commun, que, dans mon opinion, on a trop longtemps laissés abuser le monde avec leur pitoyable vieil argot et leur barbouillage astronomique pour amuser le vulgaire ; mais un honnête

1. « Il y aura alors un autre *Tiphys* et un autre *Argo* pour porter une élite de héros », Virgile, *Les Bucoliques*, IV, v. 34, trad. Maurice Rat, GF-Flammarion, 1967, p. 54.

médecin ne doit pas être méprisé parce qu'il existe des charlatans. Je me flatte d'avoir quelque réputation que je ne voudrais pas perdre pour un badinage ou une fantaisie, et je crois que quiconque lira ce papier ne le regardera pas comme du même genre et de la même trempe que les griffonnages vulgaires que l'on crie chaque jour dans les rues. Ma fortune me dispense d'écrire pour quelques sous, dont je ne fais point cas et dont je n'ai pas besoin : que les hommes sensés ne se hâtent donc pas trop de condamner cet essai, écrit à bonne intention, afin de cultiver et d'améliorer un art ancien, depuis longtemps en disgrâce pour être tombé en des mains méprisables et inhabiles. Il faudra peu de temps pour constater si j'ai trompé les autres, ou me suis trompé moi-même, et je ne crois pas déraisonnable de demander qu'on veuille bien jusque-là suspendre son jugement. J'ai été de l'avis de ceux qui méprisent les pronostics tirés des astres, jusqu'à ce que, dans l'année 1686, un homme de qualité m'ait montré dans son album, que le plus savant astronome, le capitaine Halley, lui avait assuré qu'il ne croirait jamais à l'influence des astres s'il n'y avait pas une grande révolution en Angleterre dans l'année 1686. Depuis lors, j'ai commencé à penser différemment, et après dix-huit ans d'étude et d'application soutenue, je crois n'avoir pas sujet de regretter ma peine. Je ne retiendrai pas plus longtemps le lecteur, si ce n'est pour lui faire savoir que le compte que j'ai l'intention de lui rendre des événements de l'année prochaine roulera sur les principales affaires qui auront lieu en Europe ; et si je n'ai pas la liberté de l'offrir à mon propre pays, j'en appellerai au monde savant, en le publiant en latin, et en le faisant imprimer en Hollande.

Réponse à Bickerstaff

Quelques réflexions sur les prédictions de M. Bickerstaff pour l'année MDCCVIII par une personne de qualité

Je ne connais pas de papier insignifiant qui, dans ces dernières années, ait fait plus de bruit, ou ait été acheté avec plus d'avidité que ces prédictions. Elles sont l'étonnement du vulgaire, l'amusement des gens au-dessus du commun, et la risée des hommes éclairés ; pourtant, parmi ces derniers, j'en ai vu plusieurs fort en doute de savoir si l'auteur avait voulu tromper les autres ou s'était trompé lui-même. Quoi qu'il en soit, il paraît avoir combiné sa brochure avec beaucoup d'art, de façon à plaire à la canaille et à divertir les gens de condition. L'écrivain est, sans contredit, un homme d'esprit et de savoir, quoique le morceau semble écrit dans un accès de gaieté subite, avec la pensée dédaigneuse du plaisir qu'il aura à jeter cette grande ville dans l'étonnement à propos de rien ; et je ne doute pas que lui et ses amis qui sont dans le secret ne rient souvent et de tout cœur dans un coin, à l'idée des cent milliers de dupes qu'ils ont déjà faites. Et il les tient pour quelque temps, car cela durera vraisemblablement jusqu'à ce que ses prophéties commencent à être démenties par les événements. C'est même une grande question de savoir si la non-réalisation des deux ou trois premières désabusera suffisamment nos gens pour les empêcher d'attendre l'accomplissement du reste. Je ne doute pas que des milliers de ces papiers ne soient gardés avec soin par autant de personnes, pour les confronter avec les événements, et vérifier si l'astrologue indique exactement le jour et l'heure. Et je tiens ceux-ci pour les dupes préférées de M. Bickerstaff, pour lesquelles il a principalement écrit son badinage. En attendant, il a sept semaines de bon, durant lesquelles le monde va rester en suspens ; car il faut que tout ce temps s'écoule avant la mort du faiseur d'almanachs qui est sa première prédiction ; et si ce drôle se trouve être un nigaud impressionnable et hypocondriaque, ou qu'il ait quelque foi dans son art, la prophétie peut s'accomplir de tout point, par des moyens très naturels. C'est ainsi qu'une personne de ma connaissance, qui avait eu à se plaindre d'un mercier de la ville, lui écrivit une lettre, d'une main inconnue, pour l'avertir qu'on avait pris ses mesures pour mettre dans sa boisson un poison lent qui le tuerait infailliblement en un mois ; sur quoi notre homme commença tout de bon à languir et dépérir, par un pur effet d'imagination, et serait certainement mort, si on n'eût pris soin de le désabuser avant que la plaisanterie n'allât trop loin. Le même résultat sur Partridge servirait merveilleusement la réputation de M. Bickerstaff pendant quinze jours de plus, jusqu'à ce qu'on apprît de France si le cardinal de Noailles était mort ou en vie le 4 avril, ce qui est la seconde de ses prédictions.

Pour un morceau si négligemment écrit, les observations sur l'astrologie sont raisonnables et pertinentes, les remarques justes ; et comme le papier est, selon moi, une satire dirigée contre la crédulité du vulgaire et cette frivole démangeaison de soulever le voile de l'avenir, nous n'avons là que ce que nous méritons tous. Et puisque nous sommes condamnés à entendre crier perpétuellement par les rues des choses étranges et merveilleuses, je suis bien aise de voir un homme de sens et de loisir être d'humeur à prendre en main ce métier pour son divertissement et pour le nôtre. Comme on dit à la ville, c'est une attrape : sa plaisanterie a pleinement réussi et il peut être satisfait.

J'approuve très fort l'air sérieux qu'il prend dans son introduction et dans sa conclusion, et qui a été jusqu'à persuader à des gens d'un rang qui est loin d'être médiocre, que l'auteur se croit lui-même. Il nous dit qu'il « engage tout le crédit de son art sur la vérité de ces prédictions, et permet à Partridge et au reste de sa bande de le conspuer comme un fripon et un imposteur, s'il se méprend sur aucune particularité » ; avec quelques autres phrases du même genre, auxquelles je crois parfaitement, convaincu qu'il lui est fort indifférent qu'Isaac Bickerstaff soit ou ne soit pas montré au doigt. Mais il paraît, quoiqu'il ait marié un vieux nom de famille à un nom de baptême fort peu commun, qu'il s'est trouvé dans cette grande ville un homme pour signer ces deux noms, mais non pas la brochure, je suppose.

Ce n'a pas été, je pense, une petite mortification pour cet amateur astrologue, ainsi que pour son libraire, de voir leur publication, dont l'impression et le papier étaient tolérables, devenir immédiatement la proie de trois ou quatre imprimeurs interlopes de Grub Street ; le titre farci d'un résumé de la matière, avec les épithètes classiques d'*étrange* et *merveilleux* ; le prix, qui dans la nouveauté n'était que de deux sous, abaissé de moitié, et hurlé par des colporteurs de bas étage avec la cadence finale de « ça ne se vend qu'un sou ». Mais *sic cecidit Phæton*[1] ; et, pour le consoler un peu, je lui dirai que cette production de moi aura la même destinée : demain j'aurai les oreilles écorchées par les petits garçons et petites filles en chapeaux de paille, et je subirai cent fois la mortification de me voir offrir mon propre ouvrage au rabais. Puis, ce qui est bien pis, ma connaissance du café me demandera si j'ai vu la « réponse aux prédictions du squire Bickerstaff », et si je connais le faquin qui l'a écrite ; et garder sa contenance dans une telle conjoncture, n'est pas chose aisée. En pareil cas, lorsque vous voyez un homme éviter de louer et de condamner, prêt à détourner le sujet, se tenant aussi peu que possible en pleine lumière pour cacher sa rougeur, feignant d'éternuer ou de prendre du tabac, ou d'être forcé de partir par une affaire subite, alors observez-le de près, regardez-le dans les yeux, voyez si son langage est contraint ou

1. « Ainsi est tombé Phaeton » ; allusion à un vers de *L'Énéide* : *Sic cunctus pelagi cecidit fragor*, « Ainsi est tombé tout d'un coup le bruit des vagues » (Virgile, *L'Énéide*, trad. Maurice Rat, GF-Flammarion, 1965, p. 36).

affecté, puis attaquez-le soudain, ou parlez bas et souriez, et vous aurez bientôt découvert s'il est coupable. Quoique j'aie l'air de m'écarter de mon sujet, je ne crois pas le faire ; car je me trompe fort si je ne connais pas le véritable auteur des prédictions de Bickerstaff, et si je ne l'ai pas rencontré il y a quelques jours dans un café de Covent Garden.

Quant à ce qui est des prédictions elles-mêmes, je n'entrerai pas dans leur examen ; mais je crois qu'il importe fort au savant M. Partridge de les prendre en considération, et de mettre sur le compte de M. Bickerstaff autant d'erreurs d'astrologie que possible. Il est en droit, je pense, de sommer le squire de publier le calcul qu'il a fait de la nativité de Partridge, et sur la foi duquel il annonce si positivement l'époque et le genre de sa mort ; et M. Bickerstaff ne saurait moins faire, en honneur, que de fournir à M. Partridge le même avantage de calculer la sienne, en lui envoyant la note de l'époque et du lieu de sa naissance, avec les autres particularités nécessaires pour un tel travail. Par suite de quoi, sans aucun doute, le monde savant s'engagera dans la dispute, et prendra parti de côté ou d'autre suivant son inclination.

Je conseillerais également à M. Partridge de demander pourquoi M. Bickerstaff n'a pas fait une seule prophétie dont l'accomplissement ne soit de deux mois postérieurs à la publication de sa brochure. Cela a l'air un peu suspect : on dirait qu'il veut tenir le monde en haleine aussi longtemps qu'il le peut décemment ; sans quoi, il serait difficile à croire qu'il n'ait pu nous faire une seule prédiction d'ici au 29 de mars : ce qui n'est pas jouer d'aussi franc jeu que M. Partridge lui-même et ses confrères, qui nous donnent leurs prédictions (telles quelles, il est vrai) pour chaque mois de l'année.

Il est dans la brochure de M. Bickerstaff un passage qui dénote une assurance comme j'en ai peu vu ailleurs. C'est cette prédiction pour le mois de juin, relative aux Prophètes français de cette ville, et où il nous dit : « qu'ils se disperseront entièrement lorsqu'ils auront vu venir l'époque où leurs prophéties auraient dû s'accomplir, et seront désabusés par des événements contraires ». Sur quoi il s'étonne avec raison « qu'aucun fourbe soit assez niais pour prédire à si courte échéance, alors que fort peu de mois doivent découvrir l'imposture à tout l'univers ». Cela est dit d'un air de grande indifférence, comme pour nous faire croire qu'il n'a pas la moindre appréhension que dans deux mois il lui en arrive autant. Quant à ce gentleman, je ne me souviens pas d'avoir jamais vu un si plaisant raffinement d'impudence, et j'espère que l'auteur ne prendra pas ce mot pour une incivilité, convaincu que je suis d'entrer dans son idée et de prendre la chose comme il a voulu qu'elle fût prise. Cependant, il mérite bien quelques reproches pour avoir écrit avec tant de dédain et de mépris pour l'intelligence de la majorité.

Au mois de juillet, il nous parle d'un « général qui, par une action glorieuse, recouvrera la réputation que lui avaient fait perdre d'anciens malheurs ». Cela est généralement compris comme ayant trait à lord Galway, et s'il est déjà mort, comme quelques gazettes l'annoncent, M. Bickerstaff a commis une bévue. Mais je n'insiste pas sur ce point, car ce serait jouer de malheur que de ne pouvoir trouver un autre général dans la même situation, auquel cette prédiction pourrait aussi bien s'appliquer.

La mort du roi de France est très formellement annoncée ; mais il n'est pas heureux de le faire mourir à Marly, où il ne va jamais en cette saison, comme je l'ai observé moi-même durant les trois années que je passai dans ce royaume ; et d'après la conversation que j'eus il y a quelques mois avec M. Tallard, sur la cour de France, je vois que le roi ne va jamais à Marly, pour si peu que ce soit, que vers la saison où l'on y chasse à courre, ce qui n'est qu'en août. De sorte que c'est là une fâcheuse bévue de M. Bickerstaff, faute de connaître assez l'étranger.

Il conclut en renouvelant sa promesse de publier des prédictions entières pour l'année prochaine, ce dont les autres astrologues n'ont pas besoin de se mettre fort en peine. Je suppose que nous les aurons à peu près à la même époque que « l'Histoire générale des oreilles ». Je crois que nous en avons fini pour toujours avec lui en ce genre, et sans être astrologue, je puis m'aventurer à prédire qu'Isaac Bickerstaff est mort à l'heure qu'il est, et qu'il est décédé juste au moment où ses prédictions étaient prêtes pour l'impression ; qu'il est tombé des nues il y a environ neuf jours, et qu'environ quatre heures après il est remonté comme une vapeur, et en redescendra peut-être, un jour ou l'autre, lorsqu'il aura quelque nouveau, agréable ou amusant badinage à faire avaler à la ville ; ce à quoi il réussira, cela est fort probable, aussi souvent qu'il sera disposé à en faire l'épreuve, c'est-à-dire aussi longtemps qu'il pourra garder un parfait mépris pour son temps et pour l'intelligence des autres, et qu'il sera résolu à ne pas prendre moins d'un million de gens pour objet de ses sarcasmes.

ACCOMPLISSEMENT DE LA PREMIÈRE DES PRÉDICTIONS DE M. BICKERSTAFF

ou

Récit de la mort de M. Partridge, le faiseur d'almanachs, le 29 courant, tel qu'il a été fait à une personne d'honneur dans une lettre en date de l'année 1708

MYLORD, pour obéir aux ordres de Votre Seigneurie, ainsi que pour satisfaire ma propre curiosité, j'ai constamment depuis quelques jours fait prendre des nouvelles de M. Partridge, le faiseur d'almanachs, dont il fut annoncé, dans les prédictions de M. Bickerstaff, publiées il y a environ un mois, qu'il mourrait le 29 courant, vers onze heures du soir, d'une fièvre chaude. Je l'avais connu un peu, lorsque j'étais employé au Trésor, parce qu'il avait l'habitude tous les ans de me faire hommage de son almanach, comme il faisait à d'autres personnes, en échange de quelque petite gratification que nous lui donnions. Je le vis accidentellement, une ou deux fois, une dizaine de jours avant sa mort, et remarquai qu'il commençait à baisser et à dépérir très fort, quoique, à ce que j'entends dire, ses amis n'eussent pas l'air de le croire le moins du monde en danger. Il y a deux ou trois jours, il tomba malade, garda pour la première fois la chambre, et, peu d'heure après, le lit, où le docteur Case [1] et mistress Kirleus [2] furent mandés et consultés. À cette nouvelle, j'envoyai trois fois chaque jour un domestique ou un autre s'informer de sa santé, et sur les quatre heures de l'après-midi, on me rapporta qu'il n'y avait plus d'espoir ; sur quoi je me décidai à l'aller voir moi-même, moitié par commisération, et, je l'avoue, moitié par curiosité. Il me reconnut fort bien, parut surpris de ma condescendance, et me remercia autant qu'il le pouvait dans l'état où il était. Les gens qui étaient auprès de lui me dirent qu'il avait eu quelque temps le délire ; mais lorsque je le vis il avait sa tête autant que je la lui ai jamais vue, et parlait avec force, sans avoir l'air d'éprouver ni malaise, ni empêchement. Après lui avoir témoigné combien j'étais fâché de le voir dans cette triste situation et lui avoir dit quelques autres civilités en rapport avec la circonstance, je le priai de m'avouer franchement et ingénument si les prédictions que M. Bickerstaff avait publiées au sujet de sa mort n'avaient pas trop affecté et frappé son imagination. Il convint qu'il les avait eues souvent en tête, mais jamais avec de grandes appréhensions ; mais que depuis une quinzaine de jours elles n'avaient cessé d'assiéger son esprit, et qu'il croyait en vérité qu'elles

1. John Case eut longtemps la vogue comme médecin et comme astrologue. (*NdT.*)
2. Mary Kirleus, veuve de John Kirleus, fils du docteur Thomas Kirleus, membre de la faculté de médecine de Londres. (*NdT.*)

étaient la véritable cause de sa présente maladie ; « car, dit-il, je suis intimement persuadé, et pour de très bonnes raisons, je crois, que M. Bickerstaff a parlé tout à fait au hasard, et ne savait pas plus ce qui arriverait cette année que je ne le savais moi-même ».

Je lui dis que son discours me surprenait, et que je serais charmé qu'il fût dans un état de santé qui lui permît de m'apprendre la raison qu'il avait d'être convaincu de l'ignorance de M. Bickerstaff. Il répondit : « Je suis un pauvre ignorant qui n'a appris qu'un piètre métier ; cependant j'ai assez de bon sens pour savoir que toutes ces prétentions à prédire par l'astrologie sont des leurres, pour cette raison manifeste que les gens sages et instruits, qui peuvent seuls juger s'il y a aucune vérité dans cette science, sont tous unanimes pour en rire et la mépriser ; et il n'y a que le pauvre vulgaire ignorant qui y prête un peu foi, et cela sur la parole de misérables sots tels que moi et mes confrères, qui savons à peine lire et écrire. » Je lui demandai alors s'il n'avait pas calculé sa propre nativité pour voir si elle s'accordait avec la prédiction de Bickerstaff. Là-dessus, il secoua la tête, et dit : « Oh ! monsieur, ce n'est plus le moment de plaisanter ; c'est celui de se repentir de ces niaiseries, comme je le fais maintenant du plus profond de mon cœur. – D'après ce que je recueille de vous, répliquai-je, les observations et prédictions imprimées dans votre almanach étaient de pures tromperies à l'adresse du peuple. » Il repartit : « Nous avons une formule bonne pour toutes ces choses ; quant à prédire le temps, nous ne nous mêlons jamais de cela, mais nous laissons ce soin à l'imprimeur, qui le prend dans tout vieil almanach qu'il juge convenable.

Le reste était de mon invention, pour faire vendre mon almanach, ayant une femme à ma charge et pas d'autre moyen de gagner mon pain ; car raccommoder des vieux souliers est un pauvre moyen d'existence ; et, ajouta-t-il en soupirant, je voudrais n'avoir pas fait plus de mal avec ma médecine qu'avec mon astrologie, quoique j'eusse quelques bonnes recettes de ma grand'mère, et que mes compositions fussent telles qu'elles ne pouvaient, dans mon opinion, faire aucun mal. »

J'échangeai avec lui quelques autres paroles que je ne puis plus me rappeler à présent ; et je crains d'avoir déjà fatigué Votre Seigneurie. J'ajouterai seulement cette circonstance, qu'à son lit de mort il déclara être non conformiste et avoir eu pour guide spirituel un prédicateur fanatique. Après une heure de conversation, je pris congé, manquant tout à fait d'air dans cette chambre. Je pensais bien qu'il ne pouvait pas vivre longtemps : c'est pourquoi j'allai dans un petit café tout près de là, laissant un domestique dans la maison avec ordre de venir immédiatement me dire, aussi près que possible, la minute à laquelle Partridge expirerait, ce qui ne dépassa pas deux heures ; et alors regardant à ma montre, je vis qu'il était plus de sept heures cinq minutes ; par quoi il est clair que M. Bickerstaff s'est trompé d'environ quatre heures dans son calcul. Dans les autres circonstances il a été assez exact. Mais s'il a causé la mort de ce pauvre homme, aussi bien qu'il l'a prédite, cela peut très raisonnablement se discuter. Néanmoins, il faut l'avouer, la chose est assez étrange, que nous entreprenions de l'expliquer par le hasard ou par l'effet de l'imagination. Pour ma part, quoique je pense que personne n'a moins de foi que moi dans ces matières, j'attendrai pourtant avec quelque impatience, et non sans espoir, l'accomplissement de la seconde prédiction de M. Bickerstaff, que le cardinal de Noailles doit mourir le 4 avril ; et si elle se réalisait aussi exactement que celle du pauvre Partridge, je dois avouer que je serais complètement surpris et réduit au silence, et que j'attendrais en pleine sécurité l'accomplissement de toutes les autres.

LE SQUIRE BICKERSTAFF DÉMASQUÉ
ou
l'Imposteur astrologue convaincu

par John Partridge
étudiant en médecine et en astrologie

IL EST DUR, mes chers concitoyens de ces royaumes unis, il est bien dur, pour un homme né dans la Grande-Bretagne, pour un astrologue protestant, pour un partisan de la révolution, pour un défenseur de la liberté et des droits du peuple, de demander en vain justice contre un Français, un papiste, et un prétendu savant, qui veut flétrir ma réputation, m'enterrer inhumainement tout en vie, et priver ma patrie de mes services que j'offre journellement au public dans ma double capacité.

Que le lecteur impartial juge quelles grandes provocations j'ai reçues, et avec quelle répugnance, même pour me défendre, j'entre à présent en lice contre la fausseté, l'ignorance et l'envie ; mais je suis exaspéré, à la fin, et décidé à tirer ce Cacus de l'antre de ténèbres où il se cache, à le démasquer à la clarté de ces astres qu'il a si impudemment calomniés, et à montrer qu'il n'est pas de monstre dans le ciel aussi pernicieux et malveillant pour le genre humain qu'un ignorant qui se donne pour médecin et pour astrologue. Je ne tomberai pas tout de suite sur les nombreuses et grossières erreurs, et je ne mettrai pas en lumière les absurdités notoires de ce libelle mercenaire ; je veux auparavant mettre le monde savant loyalement au fait de la controverse pendante, et ensuite laisser aux gens sans préjugés à apprécier les mérites et la justice de ma cause.

C'est vers la fin de l'année 1707 qu'un impudent libelle se glissa dans le monde, intitulé *Prédictions*, etc. *par Isaac Bickerstaff, esq.* Parmi toutes les arrogantes assertions de cet esprit menteur de divination, il lui a plu de nous prendre pour plastrons le cardinal de Noailles et moi, entre autres personnes éminentes et illustres, et d'annoncer que nous allions mourir dans le courant de l'année prochaine, et il fixe formellement le mois, le jour et l'heure de notre mort : cela, je pense, c'est se jouer des grands et de l'esprit public, au scandale de la religion et au blâme du pouvoir ; et si les princes souverains et les astrologues doivent servir d'amusement au vulgaire, – alors adieu, dis-je, à tous gouvernements, ecclésiastiques et civils. Mais, mon étoile en soit louée, je suis encore en vie pour attaquer de front ce faux et audacieux prophète, et lui faire regretter l'heure où il a outragé un homme de science et de ressentiment. Le cardinal prendra envers lui les mesures qu'il voudra ; comme Son Excellence est étranger et papiste, il n'a aucun motif de compter sur moi pour sa justification ; je me contenterai d'assurer au monde qu'il est vivant ; – mais comme il est lettré et sait manier la plume, qu'il s'en serve pour sa propre naissance. En attendant, je présenterai au public un récit fidèle des indignes procédés et des mauvais traitements dont je suis redevable aux papiers virulents et aux malfaisantés pratiques de ce prétendu astrologue.

Fidèle et impartial récit des procédés d'Isaac Bickerstaff, esq. envers moi

Le 28 de mars, *anno Dom.* 1708, était la nuit que ce faux prophète avait si impudemment fixée pour ma dernière, ce qui avait fait peu d'impression sur moi ; mais je ne puis répondre pour toute ma maison, car ma femme, avec plus de sollicitude que d'ordinaire, insista pour que je prisse quelque chose de chaud pour me faire suer, et que je me misse au lit entre huit et neuf heures ; la servante, comme elle le bassinait, avec la curiosité naturelle aux jeunes filles, court à la fenêtre et demande à un passant pour qui sonnait la cloche, « Pour le docteur Partridge, répond-il, le fameux faiseur d'almanachs, qui est mort subitement ce soir. » La pauvre fille, en colère, lui dit qu'il mentait comme un drôle ; l'autre répliqua tout tranquillement que le sacristain le lui avait dit, et que, si cela était faux, il était blâmable d'en imposer à un étranger. Elle questionna un second et un troisième passant, et tous répondirent sur le même ton. Or, je ne dirai pas que c'étaient des complices de certain squire astrologique, et qu'un nommé

Bickerstaff rôdait aux alentours, parce que je ne veux rien alléguer ici que je ne puisse attester comme un fait positif. Là-dessus ma femme fut prise d'une violente indisposition, et je dois avouer que je fus un peu bouleversé de l'étrangeté de cet incident. Sur ces entrefaites, on frappe à ma porte ; Betty court en bas, et, ouvrant, trouve un grave personnage qui s'informe modestement si c'est la demeure du docteur Partridge. Elle, le prenant pour quelque prudent malade de la ville, qui venait à cette heure pour ne pas être vu, le fait entrer dans la salle à manger. Dès que je fus un peu remis, j'allai à lui, et fus surpris de trouver mon homme monté sur une table, une règle de deux pieds à la main, mesurant mes murs et prenant les dimensions de la salle. « Je vous prie, monsieur, lui dis-je, sans vous interrompre, avez-vous affaire à moi ? – Si vous vouliez simplement, monsieur, réplique-t-il, dire à cette fille d'apporter une autre lumière, car celle-ci est bien obscure. – Monsieur, m'écriai-je, mon nom est Partridge ! – Oh ! le frère du docteur, vraisemblablement, dit-il : l'escalier, je crois, et ces deux pièces tendus de noir, suffiront, et seulement une bande de serge autour des autres chambres. Le docteur a dû mourir riche ; il faisait beaucoup d'affaires dans sa partie depuis nombre d'années ; s'il n'a pas d'armes à lui, vous feriez aussi bien de vous servir des écussons de la compagnie ; ils sont aussi voyants, et feront un aussi magnifique effet que s'il descendait du sang royal. » Là-dessus je pris un plus grand air d'autorité, et demandai qui lui avait donné cette commande, et comment il était venu ici. « Eh mais, je suis envoyé, monsieur, par l'entreprise des pompes funèbres, dit-il, et la commande a été donnée par le digne gentleman, qui est l'exécuteur des volontés du bon docteur défunt ; et notre coquin de porteur se sera profondément endormi, je crois, avec le drap noir et les candélabres, sans quoi il serait ici, et nous serions à clouer à l'heure qu'il est. – Monsieur, répliquai-je, suivez le conseil d'un ami, et prenez la porte au plus vite, car j'entends la voix de ma femme (qui, soit dit en passant, est très facile à entendre), et dans ce coin que voilà est un bon gourdin, dont quelqu'un a déjà senti le poids ; s'il lui tombe sous la main, et qu'elle sache pourquoi vous êtes venu, je puis, sans consulter les astres, vous assurer qu'il sera employé au grand détriment de votre personne. – Monsieur, s'écria-t-il en saluant avec beaucoup de civilité, je vois que votre extrême chagrin de la perte du docteur vous trouble un peu l'esprit en ce moment ; mais demain de bon matin je reviendrai avec les objets nécessaires. » Je ne nomme aucun Bickerstaff, et je ne dis pas que certain squire contemplateur d'étoiles a joué le rôle de mon exécuteur avant le temps ; mais je m'en rapporte au jugement du monde, et celui qui sait rapprocher comme il faut une chose d'une autre ne sera pas bien loin de la marque.

Pour lors, je refermai mes portes et me disposai à me coucher, dans l'espoir d'un peu de repos après tant de sujets d'agitation. Juste comme j'éteignais ma lumière dans cette intention, en voilà un autre qui frappe aussi fort qu'il peut ; j'ouvre la fenêtre et demande qui est là, et ce qu'on veut. « Je suis Ned, le sacristain, répond-il, et je viens savoir si le docteur a laissé des ordres pour une oraison funèbre, et où on doit le déposer, et si sa fosse doit être toute simple ou revêtue de briques. – Eh mais, maraud, dis-je, vous me connaissez bien ; vous savez que je ne suis pas mort ; comment osez-vous m'insulter de cette manière ? – Hélas, monsieur, réplique le drôle, c'est imprimé, et toute la ville sait que vous êtes mort ; tenez, M. White, le menuisier, est en train de mettre des vis à votre bière ; il sera ici avec dans un instant ; il avait peur que vous n'en eussiez besoin avant ce temps. – Maraud, maraud, dis-je, vous saurez demain à vos dépens que je suis en vie, et bien en vie. – Il est étrange, monsieur, dit-il, que vous nous fassiez un secret de votre mort, à nous autres qui sommes vos voisins ; il semblerait que vous avez dessein de frauder l'église de son dû ; et, permettez-moi de vous le dire, pour quelqu'un qui a si longtemps vécu sur les cieux, cela n'est pas très délicat. – Pst ! pst ! dit un autre vaurien qui se trouvait près de lui, allez, docteur, endosser votre linceul de flanelle aussi vite que vous pourrez, car voici toute une meute de croque-morts qui vient à vous équipée de noir ; et comme cela aura l'air indécent à vous de vous tenir à la fenêtre à effrayer les gens, tandis que vous devriez être depuis trois heures dans votre bière ! » Bref, avec vos entrepreneurs de pompes funèbres, embaumeurs, menuisiers, sacristains, et vos damnés colporteurs de complaintes sur un défunt praticien en médecine et astrologie, je n'eus pas une minute de sommeil de toute la nuit, et à peine un moment de repos depuis lors. Or, je ne doute pas que ce scélérat de squire n'ait l'impudence d'affirmer que ces gens lui sont tout à fait étrangers ; lui, le digne homme, il ne sait rien de tout cela, et l'honnête Isaac Bickerstaff est, je vous le garantis, trop homme d'honneur pour être le complice d'une bande de gredins qui court les rues la nuit et dérange les gens dans leur lit ; mais il n'y est pas, s'il pense que le monde entier est aveugle ; car il existe un certain John Partridge qui sent un coquin d'aussi loin que Grub Street – quoiqu'il demeure dans la plus haute des mansardes, et s'intitule squire ; mais je ne veux pas sortir de mon caractère, et je continue ma narration.

Je ne pus passer ma porte de trois mois après cela, qu'aussitôt arrive à moi un homme dans la rue : « Monsieur Partridge, cette bière dans laquelle vous avez été enterré dernièrement, je n'en suis pas encore payé. – Docteur, crie un autre chien, comment vous imaginez-vous que les gens peuvent vivre à vous faire des fosses pour rien ? La première fois que vous mourrez, vous pourrez bien vous sonner la cloche vous-même, à la place de Ned. » Un troisième vaurien me touche le coude, et demande comment j'ai la conscience de revenir sur terre sans avoir payé la dépense de mes funérailles. « Bon Dieu, dit un autre, j'aurais juré que c'était l'honnête docteur Partridge, mon vieil ami ; mais, pauvre homme, il n'est plus. – Je vous demande pardon, dit un autre, vous ressemblez tant à mon ancienne connaissance, que j'avais l'habitude de consulter en secret dans certaines circonstances ! Mais, hélas ! il est allé où va toute chose. – Voyez, voyez, voyez ! s'écrie un troisième, après m'avoir dévisagé tout à son aise, ne croirait-on pas que notre voisin le faiseur d'almanachs est sorti de son tombeau pour jeter encore un coup d'œil sur les étoiles en ce monde, et montrer tout ce qu'il a gagné comme devin pour avoir été faire un tour dans l'autre ? »

Enfin, jusqu'au lecteur de notre paroisse, un brave homme, raisonnable et sensé, qui m'a envoyé dire deux ou trois fois de venir me faire enterrer décemment, ou de lui donner des raisons satisfaisantes du contraire ; ou si j'ai été enterré dans quelque autre paroisse, de produire mon certificat, comme l'acte l'exige [1].

Ma pauvre femme est devenue presque folle de s'entendre appeler la veuve Partridge, quand elle sait que c'est faux ; et une fois par terme elle est citée devant la cour pour prendre des lettres d'administration. Mais la plus grande vexation, c'est un misérable charlatan qui se pose comme mon successeur à mon nez, et dans ses cartes imprimées dit, avec un N. B., qu'il habite la maison de feu l'habile M. John Partridge, éminent praticien en cuir, médecine et astrologie.

Mais, pour montrer jusqu'où l'infernal esprit d'envie, de malignité et de ressentiment peut pousser certains hommes, mon vieux persécuteur anonyme m'avait commandé une tombe chez le marbrier, et voulait la faire ériger dans l'église de la paroisse ; et cette infamie notoire et coûteuse aurait réussi, si je n'avais pas usé de toute mon influence sur la fabrique, où il fut enfin décidé, à la majorité de deux voix, que j'étais vivant. Ce stratagème ayant échoué, apparaît une longue et noire complainte, décorée de sabliers, de pioches, de têtes de mort, de bêches et de squelettes, avec une épitaphe écrite avec autant d'assurance, pour me diffamer moi et ma profession, que si j'étais depuis vingt ans sous terre.

1. Le statut de Charles II. (*NdT.*)

Et après un traitement aussi barbare, le monde peut-il me blâmer quand je demande ce qu'est devenue la liberté des Anglais ? et où sont la liberté et la propriété que mon ancien et glorieux ami est venu défendre ? Nous avons expulsé le papisme, et envoyé la servitude aux climats étrangers. Les arts seuls demeurent dans l'esclavage lorsqu'un homme de sciences, bien famé, est insulté ouvertement, au milieu des nombreux et importants services qu'il rend journellement au public. A-t-on jamais ouï dire, même en Turquie ou à Alger, qu'un astrologue de l'État ait été dépouillé de son existence par le persiflage d'un ignorant imposteur, ou chassé de ce monde par les aboiements d'une meute d'infâmes braillards de colporteurs ? J'ai beau imprimer des almanachs et publier des avertissements ; j'ai beau produire des certificats de vie signés du ministre et des marguilliers, et attester le fait sous serment aux sessions trimestrielles, il paraît une complète et fidèle relation de la mort et de l'enterrement de John Partridge : la vérité est terrassée, les attestations sont négligées, le témoignage de graves personnes méprisé, et un homme est regardé par les voisins comme s'il était mort depuis sept ans, et est enterré vivant au milieu de ses amis et connaissances !

Or, tout homme de sens commun peut-il considérer comme compatible avec l'honneur de ma profession, et comme n'étant pas fort au-dessous de la dignité d'un philosophe, de me tenir devant ma porte à crier : « Vivant ! vivant ! oh ! le fameux docteur Partridge ! ce n'est pas une imitation ! c'est lui, bien en vie ! » Comme si j'avais à faire voir au-dedans les douze signes du zodiaque, ou que je fusse forcé pour gagner mon pain d'ouvrir boutique aux foires de mai et de la Saint-Barthélemy ? Si donc Sa Majesté daignait regarder un grief de cette nature comme digne de sa royale considération, et que le prochain parlement, dans sa haute sagesse, voulût bien jeter un simple coup d'œil sur le déplorable cas de son vieux philomathe, qui lui adresse chaque année ses souhaits fervents, je suis sûr qu'un certain Isaac Bickerstaff serait bientôt troussé comme il faut pour ses prédictions sanguinaires, et pour tenir les bons sujets dans la terreur ; et qu'à l'avenir assassiner un homme par voie de prophétie, et l'enterrer vivant dans une lettre imprimée, soit à un lord, soit à un membre des communes, le mettrait tout aussi bien en possession légale de Tyburn, que s'il avait volé sur le grand chemin ou vous eût coupé la gorge au lit.

Je démontrerai aux hommes de jugement que la France et Rome sont au fond de cette horrible conspiration contre moi, et que le susdit coupable est un émissaire papiste, qu'il a fait des visites à Saint-Germain, et est maintenant dans les eaux de Louis XIV ; que cet attentat à ma réputation est un projet de massacre général de la science dans ces royaumes, et qu'au travers de mon corps on porte un coup à tous les faiseurs d'almanachs protestants de l'univers.

VIVAT REGINA.

JUSTIFICATION D'ISAAC BICKERSTAFF, ESQ. contre ce qui lui est objecté par M. Partridge, dans son almanach pour la présente année 1709, par ledit Isaac Bickerstaff, esq.

IL A PLU dernièrement à M. Partridge de me traiter d'une façon fort dure, dans ce qui est appelé son almanach pour la présente année : un tel procédé est fort indécent entre gens comme il faut, et ne contribue pas du tout à la découverte de la vérité, qui devrait être la grande fin de toutes les discussions des savants. Traiter un homme de sot et de scélérat, d'impudent drôle, parce qu'on diffère de lui sur un point purement spéculatif, est, dans mon humble opinion, un style très peu convenable pour une personne de son éducation. Je demande au monde savant si, dans mes prédictions de l'an dernier, j'ai provoqué le moins du monde un si indigne traitement. Les philosophes ont différé d'avis dans tous les siècles ; mais les plus sages d'entre eux en ont toujours différé comme il convient à des philosophes. La grossièreté et la passion, dans une controverse d'érudits, sont autant de paroles perdues, ou tout au moins un aveu tacite de la faiblesse de sa cause ; je suis moins préoccupé de ma réputation que de l'honneur de la république des lettres, que M. Partridge s'est efforcé de blesser en ma personne. Si les hommes qui ont de l'esprit public sont traités avec arrogance pour des tentatives de mérite, comment les connaissances vraiment utiles feront-elles jamais des progrès ? Je voudrais que M. Partridge sût ce qu'ont pensé les universités étrangères de ses procédés peu généreux envers moi ; mais j'ai trop de soin de sa réputation pour le répandre dans le monde. Cet esprit d'envie et d'orgueil, qui empoisonna tant de génies naissants dans notre nation, est encore inconnu des professeurs à l'étranger ; la nécessité de me justifier excusera ma vanité si je dis au lecteur que j'ai près de cent lettres honorables de diverses parties de l'Europe (quelques-unes de Moscovie même), à la louange de mon travail ; sans parler de plusieurs autres qui, je le tiens de bonne source, ont été ouvertes à la poste, et ne me sont jamais parvenues. Il est vrai que l'Inquisition de Portugal a cru devoir brûler mes prédictions, et en condamner l'auteur et les lecteurs ; mais j'espère en même temps qu'on prendra en considération l'état déplorable de la science dans ce royaume, et avec la plus profonde vénération pour les têtes couronnées, je prendrai la liberté d'ajouter que c'était un peu le devoir de Sa Majesté de Portugal d'interposer son autorité en faveur d'un savant et d'un gentleman, sujet d'une nation avec laquelle il est en alliance si étroite. Mais les autres royaumes et États de l'Europe m'ont traité avec plus de candeur et de générosité. S'il m'était permis d'imprimer les lettres en latin qui me sont venues de l'étranger, elles rempliraient un volume, et me défendraient pleinement contre tout ce que M. Partridge, ou ses complices de l'Inquisition de Portugal, seront jamais capables d'objecter ; lesquels, soit dit en passant, sont les seuls ennemis que mes prédictions m'aient jamais faits au-dedans ou au-dehors. Mais j'espère savoir mieux ce qui est dû à l'honneur d'une savante correspondance, sur un point si délicat. Toutefois, quelques-unes de ces illustres personnes m'excuseront peut-être de transcrire un passage ou deux à ma justification[1]. Le très savant M. Leibniz a mis sur l'adresse de sa troisième lettre : *Illustrissimo Bickerstaffio astrologiæ instauratori*[2], etc. M. Le Clerc, citant mes prédictions dans un traité qu'il a publié l'an dernier, a bien voulu dire : *Ita nuperrime Bickerstaffius, magnum illud Angliæ sidus*[3]. Un autre grand professeur écrivit sur moi ces mots : *nobilis Anglus, astrologorum hujusce sæculi facile princeps*[4]. Signor Magliabecchi, le fameux bibliothécaire du grand-duc, emplit presque toute sa lettre de compliments et d'éloges. À la vérité, le célèbre professeur d'astronomie d'Utrecht semble différer avec moi sur un article ; mais c'est de la façon modeste qui sied à un philosophe, comme *pace tanti viri dixerim*[5] ; et page 55, il a l'air d'imputer la faute à l'imprimeur (comme en effet cela doit être), et dit : *vel forsan error typographi, cum alioquin Bickerstaffius, vir doctissimus*[6], etc.

1. Les citations insérées ici sont à l'imitation du docteur Bentley, dans certaine partie de sa fameuse controverse avec M. Boyle. (*NdT.*)
2. « À l'Illustrissime Bickerstaff, restaurateur de l'astrologie. »
3. « Ainsi [a] récemment [écrit] Bickerstaff, cette grande étoile de l'Angleterre. »
4. « Grand Anglais, qui compte sans peine au premier rang des astrologues de notre époque. »
5. « Je dois dire, en dépit du grand homme… »
6. « Ou peut-être une coquille, tandis que Bickerstaff, homme très savant… »

Si M. Partridge eût suivi ces exemples dans notre controverse, il m'aurait épargné l'ennui de me justifier d'une manière si publique. Je crois que personne n'est plus disposé que moi à reconnaître ses erreurs, ou sache plus de gré à ceux qui veulent bien l'en informer. Mais on dirait que ce gentleman, au lieu d'encourager le progrès de son art, considère toute tentative de ce genre comme un empiètement sur son domaine. Il a été, il est vrai, assez sensé pour ne rien objecter contre l'exactitude de mes prédictions, à l'exception du seul point qui lui est relatif ; et pour montrer combien les hommes sont aveuglés par leur partialité envers eux-mêmes, j'assure solennellement à mes lecteurs qu'il est le seul à qui j'ai jamais entendu faire cette objection ; considération qui suffira, je pense, pour lui faire perdre tout son poids.

En dépit de tous mes efforts, je n'ai pas pu découvrir plus de deux objections contre l'exactitude de mes prophéties de l'année dernière : la première est celle d'un Français à qui il a plu de faire savoir au monde, « que le cardinal de Noailles était encore en vie, malgré la prétendue prophétie de M. Biquerstaffe » ; mais jusqu'à quel point un Français, un papiste, et un ennemi, est croyable dans sa propre cause, contre un protestant anglais, fidèle au gouvernement, j'en ferai juge le lecteur candide et impartial.

L'autre objection est la malheureuse occasion de ce discours, et a trait à l'article de mes prédictions qui annonça la mort de M. Partridge pour le 29 mars 1708. Il lui plaît de contredire formellement ceci dans l'almanach qu'il a publié pour la présente année, et avec ce peu de savoir-vivre (pardon de l'expression) que j'ai signalé ci-dessus. Dans cet ouvrage, il affirme carrément que non seulement il est en vie maintenant, mais qu'il était également en vie ce même 29 de mars où j'avais prédit qu'il mourrait. C'est là le sujet de notre présente controverse, que j'ai dessein de traiter avec toute la brièveté, la perspicacité et le calme possibles. Dans cette discussion, je sens bien que les yeux, non seulement de l'Angleterre, mais de toute l'Europe, seront sur nous ; et les savants de tous les pays prendront parti, je n'en doute pas, pour le côté où ils trouveront le plus d'apparence de raison et de vérité. Sans entrer dans des critiques de chronologie au sujet de l'heure de sa mort, je me bornerai à prouver que M. Partridge n'est pas en vie. Et mon premier argument est celui-ci : un millier de personnes ayant acheté ses almanachs pour cette année, simplement pour voir ce qu'il disait contre moi, à chaque ligne qu'elles lisaient ont levé les yeux au ciel, et se sont écriées, moitié fureur moitié rire, qu'elles étaient sûres qu'aucun homme sur la terre n'avait jamais écrit une aussi abominable drogue. Et jamais je n'ai entendu contester cette opinion ; en sorte que M. Partridge est dans ce dilemme, ou de désavouer son almanach, ou de reconnaître qu'il n'est pas sur la terre. Deuxièmement, la mort est définie, par tous les philosophes, une séparation de l'âme et du corps. Or il est certain que sa pauvre femme, qui doit le savoir mieux que personne, va depuis quelque temps de ruelle en ruelle dans son voisinage, jurant à ses commères que son mari est un corps sans âme. C'est pourquoi, si un ignorant cadavre continue d'errer parmi nous, et qu'il lui plaise de s'appeler Partridge, M. Bickerstaff ne s'en croit aucunement responsable. Et ledit cadavre n'avait nul droit de battre le pauvre petit garçon qui se trouvait passer près de lui dans la rue, en criant : « Récit complet et véridique récit de la mort du docteur Partridge, etc. »

Troisièmement. M. Partridge prétend dire la bonne aventure et faire retrouver les objets perdus ; ce que, au dire de toute la paroisse, il ne peut faire qu'en ayant commerce avec le diable et les autres malins esprits ; et aucun homme sensé n'admettra jamais qu'il puisse avoir personnellement commerce avec lui ou avec eux avant d'être mort.

Quatrièmement. Je lui prouverai clairement qu'il est mort, d'après son propre almanach de cette année, et d'après le passage même qu'il présente pour nous faire croire qu'il est en vie. Il y dit que non seulement il est en vie maintenant, mais qu'il était également en vie ce même 29 de mars où j'avais prédit qu'il mourrait : par là, il émet l'opinion qu'un homme peut être maintenant en vie, qui n'était pas en vie il y a un an. Et en effet, là gît le sophisme de son argument. Il n'ose avouer qu'il a toujours été en vie depuis ce 29 de mars, mais il dit qu'il est en vie maintenant, et qu'il l'était ce jour-là. J'accorde ce dernier point ; car il n'est mort que le soir, comme on le voit d'après la relation imprimée de sa mort dans une lettre à un lord ; et s'il a ressuscité depuis, je laisse le monde en juger. C'est une parfaite dispute de mots, et j'aurais honte de m'y arrêter plus longtemps.

Cinquièmement. Je demanderai à M. Partridge lui-même, s'il est probable que j'eusse pu être assez mal avisé pour commencer mes prédictions par la seule fausseté qu'on ait jamais prétendu y avoir trouvée ? et c'est là une affaire qui se passe ici, où j'avais tant de moyens d'être exact, et qui devait donner tant d'avantages contre moi à une personne de l'esprit et du savoir de M. Partridge, qui, s'il avait pu soulever une seule objection de plus contre la vérité de mes prophéties, ne m'aurait guère épargné.

Et ici je dois profiter de l'occasion pour blâmer le susdit rédacteur de la relation de la mort de M. Partridge dans une lettre à un lord, qui s'est plu à m'accuser d'une méprise de quatre heures pleines dans mon calcul de cet événement. Je dois confesser que cette censure, prononcée d'un air de certitude, dans une affaire qui me touchait de si près, et par un grave et judicieux auteur, ne m'émut pas médiocrement. Mais bien que je ne fusse pas en ville à cette époque, cependant plusieurs de mes amis, que leur curiosité avait conduits à être exactement informés (car pour ma part, n'ayant aucun doute à ce sujet, je n'y pensai pas une seule fois), m'assurèrent que j'étais resté en deçà d'une demi-heure ; ce qui (j'exprime ma propre opinion) est une erreur de trop peu d'importance pour qu'il y ait lieu à se tant récrier. Je me bornerai à dire qu'il n'y aurait pas de mal si cet auteur était dorénavant un peu plus soigneux de la réputation des autres, aussi bien que de la sienne. Il est toujours bon qu'il n'y ait pas eu d'autres méprises de ce genre ; s'il y en avait eu, je présume qu'il m'en aurait averti avec aussi peu de cérémonie.

Il est une objection contre la mort de M. Partridge qui m'a été faite quelquefois, quoique, il est vrai, sans beaucoup d'insistance : à savoir qu'il continue à écrire des almanachs. Mais il n'y a rien là qui ne soit commun à tous les gens de cette profession. Gadbury, Poor Robin,

Dove, Wing, et plusieurs autres, publient chaque année leurs almanachs, quoique plusieurs d'entre eux soient morts avant la révolution. La raison naturelle de ceci est, je pense, que tandis que c'est le privilège des auteurs de vivre après leur mort, les faiseurs d'almanachs en sont seuls exclus, parce que leurs dissertations, ne traitant que des minutes qui passent, deviennent sans utilité quand celles-ci ont disparu. En considération de quoi, le Temps, dont ils sont les greffiers, leur accorde un bail à titre de réversion, pour continuer leurs ouvrages après leur mort.

Je n'aurais pas donné au public, ni à moi-même, l'ennui de cette justification, s'il n'avait pas été fait usage de mon nom par plusieurs personnes à qui je ne l'ai jamais prêté ; une desquelles, il y a peu de jours, s'est plu à mettre sur mon compte une nouvelle série de prédictions. Mais je crois que ce sont des choses trop sérieuses pour en badiner ; cela m'a peiné profondément de voir mes travaux, qui m'avaient coûté tant de réflexions et de veilles, criés dans les rues par les vulgaires colporteurs de Grub Street, eux que je destinais uniquement à la mûre considération des gens les plus graves. La prévention en fut telle d'abord dans le monde, que plusieurs de mes amis eurent le front de me demander si je plaisantais : à quoi je répondis froidement que l'événement le montrerait. Mais c'est le talent de notre époque et de notre nation de tourner en ridicule les choses de la plus grande importance. Quand la fin de l'année a vérifié toutes mes prédictions, paraît l'almanach de M. Partridge, contestant le point de sa mort ; de sorte que me voilà dans la position de ce général qui fut forcé de tuer deux fois ses ennemis qu'un nécromancien avait ressuscités. Si M. Partridge a fait la même expérience sur lui, et est de nouveau en vie, puisse-t-il y rester longtemps ! cela n'attaque pas le moins du monde ma véracité ; mais je crois avoir clairement prouvé, par une invincible démonstration, qu'il est mort à une demi-heure près, tout au plus, du temps que j'ai prédit, et non pas quatre heures plus tôt, comme le susdit auteur, dans sa lettre à un lord, l'a malicieusement suggéré dans le dessein de perdre mon crédit en m'accusant d'une méprise si grossière.

Dernières Paroles d'Ebenezer Elliston
au moment d'être exécuté, le deuxième jour de mai 1722, publiées, d'après son désir, dans l'intérêt général

JE VAIS SUBIR la juste punition de mes crimes prescrite par la loi de Dieu et par celle de mon pays. Je sais qu'il a toujours été d'usage que ceux qui viennent ici se fassent faire des discours qu'on leur crie aux oreilles lorsqu'ils vont à l'échafaud, et vraiment ce sont de tels discours que, si ignorante et illettrée que soit notre confrérie, il y a de quoi rendre un homme honteux de se voir mettre sur le dos tant de stupidités et de mauvais anglais, même lorsqu'il va au gibet. Ils contiennent de prétendus renseignements sur notre naissance et notre famille, sur le fait pour lequel nous allons mourir, sur notre sincère repentir, sur notre profession de foi religieuse. Je ne puis m'attendre à être traité autrement que mes prédécesseurs.

Quoi qu'il en soit, ayant eu une éducation d'un ou deux degrés au-dessus de ceux de mon rang et de ma profession, j'ai réfléchi, depuis mon emprisonnement, à ce qu'il serait convenable pour moi de dire en cette occasion.

Et premièrement, je ne peux pas dire, du fond de mon cœur, que je suis vraiment fâché de l'offense que j'ai faite à Dieu et au monde. Mais je le suis très fort du mauvais succès de mes méfaits, qui me vaut cette fin prématurée ; car il est positif qu'après avoir obtenu, il y a quelque temps, ma grâce de la Couronne, j'ai repris mon ancien métier ; tant mes vicieuses habitudes étaient enracinées en moi, et tant j'étais devenu impropre à tout autre genre d'occupation. C'est pourquoi, bien que, par condescendance pour mes amis, j'aie résolu d'aller au gibet de la manière habituelle, agenouillé, un livre à la main et les yeux levés au ciel, cependant, je ne me sentirai pas plus de dévotion dans l'âme que je n'en ai observé chez mes camarades, qui se sont soûlés avec des filles la veille au soir de leur exécution. Je puis dire de plus, comme un fait à ma connaissance, que deux d'entre eux, après avoir été pendus et être revenus miraculeusement à la vie et à la liberté, comme cela arrive quelquefois, se montrèrent après cela les plus mauvais drôles que j'aie jamais connus, et continuèrent sur ce pied jusqu'à ce qu'ils fussent pendus pour tout de bon ; et cependant ils eurent l'impudence, les deux fois qu'ils allèrent au gibet, de se battre la poitrine et de lever tout le temps les yeux au ciel.

Deuxièmement. D'après la connaissance que j'ai de mes mauvaises dispositions et de celles de mes camarades, je suis d'avis que rien ne saurait être plus déplorable pour le public que la tendance miséricordieuse du gouvernement à nous pardonner ou à nous transporter, excepté quand nous nous vendons l'un l'autre, comme nous ne manquons jamais de faire si nous sommes sûrs d'être bien payés, et alors il peut être bon de faire grâce, en vertu de cette règle qu'il vaut mieux avoir un renard dans une ferme que trois ou quatre ; mais généralement nous trouvons moyen de revenir après avoir été transportés, et nous sommes dix fois plus coquins qu'auparavant, et beaucoup plus rusés. En outre, je sais par expérience que l'espoir d'obtenir merci quand nous sommes condamnés est toujours un grand encouragement pour nous.

Troisièmement. Rien n'est plus dangereux pour les jeunes gens désœuvrés que la compagnie de ces odieuses filles que nous fréquentons et dont cette ville est remplie : ces malheureuses nous poussent à toute espèce de méfaits pour subvenir à leurs mauvaises passions et à leurs extravagances ; elles sont dix fois plus sanguinaires et plus cruelles que les hommes ; leur avis est toujours de ne point épargner si nous sommes poursuivis ; elles se soûlent avec nous et nous les avons en commun, et pourtant, pour peu qu'elles y gagnent, elles sont sûres de nous vendre.

Or donc, aussi vrai que je suis un mourant, j'ai fait quelque chose qui peut être utile au public. J'ai laissé dans des mains honnêtes (et c'est en vérité le seul honnête homme avec lequel j'ai jamais été lié) les noms et adresses de tous mes confrères, avec une note sommaire des principaux crimes qu'ils ont commis, plusieurs de complicité avec moi et le reste appris par moi de leur propre bouche ; j'ai également inscrit les noms de ceux que nous appelons nos embaucheurs, des mauvaises maisons que nous fréquentons, et de ceux qui reçoivent et achètent le produit de nos vols. J'ai solennellement recommandé à cet honnête homme, et il me l'a promis sous serment, chaque fois qu'il saurait qu'un coquin serait mis en jugement pour vol, avec ou sans effraction, de regarder sur son papier, et s'il y trouve le nom du voleur en question, d'envoyer toute la liste au gouvernement. Cela, j'en donne à mes compagnons loyalement et publiquement avis, et j'espère qu'ils se le tiendront pour dit.

Sur ce même papier que j'ai laissé à mon ami, j'ai aussi porté les noms de plusieurs personnes qui ont été volées dans les rues de Dublin, depuis trois ans ; j'ai raconté les circonstances de ces vols, et démontré clairement que le manque du courage le plus ordinaire a été la seule cause de leur mésaventure. J'ai donc demandé à mon ami, au premier vol qui se commettrait dans la rue, de faire imprimer et publier cette relation, avec les initiales des personnes qui, par le manque de cœur, sont vraisemblablement la cause de tous les méfaits de ce genre qui peuvent arriver à l'avenir.

Je ne puis quitter le monde sans décrire brièvement l'espèce de vie que j'y ai menée depuis quelques années ; elle est exactement la même que celle de mes coupables confrères.

Quoique nous soyons, en général, si corrompus dès notre enfance que nous n'ayons aucun sentiment du bien, cependant nous avons toujours quelque chose qui nous pèse. Je ne sais ce que c'est, mais nous ne sommes jamais à notre aise que nous ne soyons à moitié ivres, au milieu des filles et de nos camarades ; et nous ne dormons pas bien si nous n'avons pas bu à ne pouvoir plus nous tenir debout. Si nous sortons dans le jour, un homme entendu peut aisément nous reconnaître au visage pour ce que nous sommes, tant nous avons l'air soupçonneux, craintifs et contraints, souvent faisant volte-face, et nous enfonçant dans les ruelles et les allées étroites. Je n'ai jamais manqué de reconnaître un confrère à sa physionomie, quoique je ne l'eusse jamais vu auparavant. Tout homme parmi nous a sa maîtresse à lui, qui n'en est pas moins commune à tous, quand nous avons envie de changer. Quand nous avons du butin, si c'est de l'argent, nous le partageons également entre nos compagnons, et il est bientôt dépensé pour satisfaire nos vices dans les maisons qui nous reçoivent, car le maître et la maîtresse, et jusqu'au garçon de cabaret, ont leur part du gâteau ; et en outre ils nous font payer triple. Si nous avons volé de l'argenterie, des montres, des bagues, des tabatières et autres objets semblables, nous avons dans tous les quartiers de la ville des pratiques pour nous en défaire.

J'ai vu un pot à couvercle valant quinze livres sterling être vendu à un homme de.... Street pour vingt shillings, et une montre d'or pour trente. J'ai consigné son nom, et celui de plusieurs autres, dans le papier susmentionné. Nous avons des compères à l'affût, au coin des rues et dans l'ombre des murs, pour nous avertir quand arrive un gentleman, particulièrement s'il est un peu pris de vin. Je crois en conscience que si on dressait le compte d'un millier de livres d'objets volés, vu le bas prix auquel nous les vendons, ce que nous devons payer aux receleurs, les extorsions du cabaret, et les autres frais nécessaires, il ne resterait pas cinquante livres net à diviser entre les voleurs. Et là-dessus nous devons trouver des vêtements pour nos maîtresses, qu'il faut en outre régaler du matin au soir, et qui, en retour, ne nous récompensent que par la trahison et la vérole. Car lorsque notre argent est parti, elles sont toujours à nous menacer de nous dénoncer si nous n'allons pas en chercher d'autre. Si quelque chose en ce monde ressemble à l'enfer tel que notre clergé nous le décrit, ce doit être l'arrière-salle d'un de nos cabarets, à minuit, lorsqu'une bande de voleurs et de filles est réunie après un bon coup et commence à se soûler à partir de ce moment jusqu'à ce qu'ils aient perdu la raison : c'est un si continuel et si horrible bruit d'imprécations et de blasphèmes, un tel mélange de luxure, de sale bouffonnerie et d'actions brutales, de tels rugissements et une confusion telle, un tel vacarme de pots et de gobelets jetés à la tête, que Bedlam, en comparaison, est un lieu décent et plein d'ordre. À la fin, ils tombent tous de leurs escabeaux et de leurs bancs et dorment le reste de la nuit ; et généralement le cabaretier ou sa femme, ou quelque autre catin qui a la tête plus forte que le reste, vide leurs poches avant qu'ils s'éveillent. Le malheur est que nous ne pouvons jamais être en repos que nous ne soyons soûls, et notre ivresse nous expose constamment à être plus aisément vendus et pris.

Tel est l'abrégé de la vie que j'ai menée, et qui est plus misérable que celle du plus pauvre journalier travaillant pour huit sous par jour ; et cependant l'habitude est si forte que, j'en suis convaincu, si je pouvais m'échapper au pied de la potence, je recommencerais ce soir même. De sorte qu'en somme on doit nous regarder comme les ennemis du genre humain dont l'intérêt est de nous exterminer comme les loups et autres animaux malfaisants, sans être retenu par aucune considération.

Si j'ai rendu service aux hommes dans ce que j'ai dit, j'espérerais aussi avoir servi Dieu ; et cela vaudra mieux qu'un sot discours qu'on m'aurait fabriqué, tout plein de pleurnicheries et d'hypocrisie, que je méprise profondément, et dont je n'ai jamais eu l'habitude. Cependant je m'attends bien qu'on en a un tout prêt à m'écorcher les oreilles quand je passerai dans les rues.

Bonnes gens, adieu. Tout mauvais que je suis, j'en laisse de pires après moi. J'espère que vous me verrez mourir en homme de la mort d'un chien.

Méditation sur un Balai

CE SIMPLE BÂTON, que vous voyez ici gisant sans gloire dans ce coin négligé, je l'ai vu jadis florissant dans une forêt : il était plein de sève, plein de feuilles et plein de branches, mais à présent, en vain l'art diligent de l'homme prétend lutter contre la nature en attachant ce faisceau flétri de verges à son tronc desséché : il n'est tout au plus que l'inverse de ce qu'il était, un arbre renversé sens dessus dessous, les rameaux sur la terre, et la racine dans l'air ; à présent il est manié de chaque souillon, condamné à être son esclave, et, par un caprice de la destinée, sa mission est de rendre propres les autres objets et d'être sale lui-même : enfin, usé jusqu'au tronçon entre les mains des servantes, il est ou jeté à la rue, ou condamné, pour dernier service, à allumer le feu. Quand je contemplai cela, je soupirai, et dis en moi-même : CERTAINEMENT L'HOMME EST UN BALAI !

La nature le mit au monde fort et vigoureux, dans une condition prospère, portant sur sa tête ses propres cheveux, les véritables branches de ce végétal doué de raison, jusqu'à ce que la hache de l'intempérance ait fait tomber ses verdoyants rameaux et n'ait plus laissé qu'un tronc desséché. Alors il a recours à l'art, et met une perruque, s'estimant à cause d'un artificiel faisceau de cheveux (tout couverts de poudre) qui n'ont jamais poussé sur sa tête ; mais en ce moment, si notre balai avait la prétention d'entrer en scène, fier de ces dépouilles de bouleau que jamais il ne porta, et tout couvert de poussière, provînt-elle de la chambre de la plus belle dame, nous serions disposés à ridiculiser et à mépriser sa vanité, juges partiaux que nous sommes de nos propres perfections et des défauts des autres hommes.

Mais un balai, direz-vous peut-être, est l'emblème d'un arbre qui se tient sur sa tête ; et je vous prie, qu'est-ce qu'un homme, si ce n'est une créature sens dessus dessous, ses facultés animales perpétuellement montées sur ses facultés raisonnables, sa tête où devraient être ses talons, rampant sur la terre ! Et pourtant, avec toutes ses fautes, il s'érige en réformateur universel et destructeur d'abus, en redresseur de griefs, il va fouillant dans tous les recoins malpropres de la nature, amenant au jour la corruption cachée, et soulève une poussière considérable là où il n'y en avait point auparavant, prenant tout le temps son ample part de ces mêmes pollutions qu'il prétend effacer ; ses derniers jours se passent dans l'esclavage des femmes, et généralement des moins méritantes : jusqu'à ce qu'usé jusqu'au tronçon, comme son frère le balai, il soit jeté à la porte, ou employé à allumer les flammes auxquelles d'autres se chaufferont.

Irréfutable Essai sur les facultés de l'âme à ***

MONSIEUR, étant aussi amateur que vous l'êtes d'antiquités, il est raisonnable de supposer que vous serez fort obligé à qui vous offrira quelque chose de nouveau. J'ai été depuis quelque temps victime d'une foule d'auteurs d'essais et de dissertations morales, qui se traînent sur des matières rebattues et des citations archi-usées et ne savent pas manier à fond leur sujet, toutes erreurs que j'ai soigneusement évitées dans l'essai suivant, que j'ai proposé aux jeunes écrivains comme un modèle à imiter. Les pensées et observations en sont entièrement neuves ; les citations n'ont pas encore été faites ; le sujet est d'une extrême importance, et traité avec infiniment d'ordre et de clarté. Il m'a coûté beaucoup de temps, et je vous prie de l'accepter et de le considérer comme le plus grand effort de mon génie.

LES PHILOSOPHES disent que l'homme est un microcosme, ou petit monde, ressemblant de tous points en miniature au grand, et, à mon avis, le corps naturel peut être comparé au corps politique ; et s'il en est ainsi, comment peut-elle être vraie, l'opinion de l'épicurien qui prétend que l'univers fut formé d'un concours fortuit d'atomes ? ce que je ne peux pas plus croire que je ne crois que la réunion accidentelle des lettres de l'alphabet puisse composer par hasard un très ingénieux et très savant traité de philosophie. *Risum teneatis amici*[1]. Cette fausse opinion doit forcément en créer plus d'une autre : c'est comme une erreur dans la première digestion, qui ne peut se corriger dans la seconde ; le fondement est faible, et quelque construction que vous éleviez dessus, elle doit, de toute nécessité, tomber à terre. Ainsi les hommes vont d'erreur en erreur, jusqu'à ce que, avec Ixion, ils embrassent, au lieu de

1. « Pourriez-vous, mes amis, ne pas éclater de rire ? », Horace, *Art poétique*, v. 5, dans *Œuvres*, *op. cit.*, p. 259.

Junon, un nuage ; ou, comme le chien de la fable, lâchent la proie pour l'ombre. Car de telles opinions ne sauraient s'accorder ; mais comme le fer et l'argile dans les pieds de l'image de Nabuchodonosor, elles doivent se séparer et tomber en pièces. J'ai lu dans certain auteur qu'Alexandre pleura de n'avoir plus de mondes à conquérir : ce qu'il n'aurait pas fait si le concours fortuit des atomes pouvait en créer ; mais c'est là une opinion qui convient mieux au vulgaire, cette hydre aux mille têtes, qu'à un homme aussi sage qu'Épicure ; la partie corrompue de sa secte ne lui emprunta que son nom, comme le singe la patte du chat pour tirer les marrons du feu.

Quoi qu'il en soit, le premier pas vers la guérison, c'est de connaître la maladie ; et bien que la vérité soit difficile à trouver parce que, comme dit le philosophe, elle vit au fond d'un puits, cependant nous n'avons pas besoin, comme des aveugles, d'aller à tâtons en plein jour. J'espère qu'il me sera permis, après tant d'hommes beaucoup plus instruits, d'apporter ma faible offrande, puisqu'un spectateur est parfois meilleur juge de la partie que celui qui la joue. Mais je ne pense pas qu'un philosophe soit obligé de donner l'explication de tous les phénomènes de la nature, ou de se noyer avec Aristote, pour n'avoir pas été capable de résoudre le flux et le reflux de la marée, à la suite de cette fatale sentence qu'il porta contre lui-même : *Quia te non capio, tu capies me*[1]. En quoi il fut tout à la fois le juge et le criminel, l'accusateur et le bourreau. Socrate, d'autre part, qui disait qu'il ne savait rien, fut proclamé par l'oracle l'homme le plus sage du monde.

1. « Parce que je ne te [com]prends pas, toi, tu me prends. »

Mais pour mettre fin à cette digression, je crois, aussi clair qu'une démonstration d'Euclide, que la nature ne fait rien en vain ; si nous pouvions plonger dans ses secrètes profondeurs, nous verrions que le plus petit brin de gazon, ou l'herbe la plus méprisable, a son utilité particulière. Mais elle est principalement admirable dans ses plus menues productions ; le plus petit et le plus vil insecte révèle le plus l'art de la nature, si je puis m'exprimer ainsi, quoique la nature, qui se complaît dans la variété, doive toujours l'emporter sur l'art ; et comme le poète l'observe :

Naturam expellas furca licet, usque recurret[1].

HORACE

Mais les diverses opinions des philosophes ont semé dans le monde autant de maladies morales que la boîte de Pandore en répandit de physiques, à cette différence près qu'elles n'ont pas laissé l'espérance au fond ; et si la Vérité ne s'est envolée avec Astrée, elle est certainement aussi cachée que la source du Nil, et ne peut se trouver qu'en Utopie. Non que je veuille incriminer ces sages éclairés, ce qui serait une sorte d'ingratitude ; et celui qui appelle un homme ingrat récapitule tout le mal dont un homme puisse être coupable :

Ingratum si dixeris, omnia dicis[2].

Mais ce dont je blâme les philosophes (quoiqu'on puisse regarder cela comme un paradoxe), c'est surtout

1. « Chassez la nature, même violemment, elle reviendra toujours », Horace, *Épîtres*, I, 10, v. 24, dans *Œuvres*, *op. cit.*, p. 225.
2. « Si tu traites quelqu'un d'ingrat, tu as tout dit. »

leur orgueil ; avec un *ipse dixit*[1] tout est dit, et vous devez prendre pour articles de foi toutes leurs paroles. Et quoique Diogène vécût dans un tonneau, il pouvait bien y avoir, pour ce que j'en sais, autant d'orgueil sous ses haillons que dans les vêtements recherchés du divin Platon. On rapporte de ce Diogène que lorsque Alexandre vint le voir, et promit de lui donner tout ce qu'il demanderait, le cynique répondit seulement : « Ne m'ôte pas ce que tu ne peux me donner, et ne te mets pas entre moi et le soleil » ; ce qui était presque aussi extravagant que ce philosophe qui jeta son argent dans la mer, en disant cette parole remarquable…

Combien différent était cet homme de l'usurier qui, sur ce qu'on disait que son fils dépenserait tout ce qu'il avait gagné, répondit : « Il ne saurait prendre plus de plaisir à le dépenser que je n'en ai eu à le gagner. » Ces hommes savaient voir les défauts de leur voisin, mais non les leurs ; ceux-là, ils les jetaient dans la besace de derrière ; *non videmus id manticæ quod in tergo est*[2]. Je serai peut-être censuré pour la liberté de mes opinions par ces Momus caustiques que les auteurs révèrent, comme les Indiens font le Diable, par peur. Ils tâcheront de faire à ma réputation autant de blessures qu'en a l'homme de l'almanach, mais peu m'importe ; et peut-être, comme les mouches ils bourdonneront si souvent autour de la chandelle qu'ils finiront par s'y brûler. Qu'ils me pardonnent si je me hasarde à leur donner l'avis de

1. « Dit-il ».
2. « Nous ne voyons pas, de la besace, ce qui est sur notre dos », Catulle, *Poèmes*, 22, trad. Maurice Rat, Garnier, 1931.

ne pas se moquer de ce qu'ils ne peuvent pas comprendre ; cela ne sert qu'à trahir cette funeste passion de l'envie, tourment plus cruel que n'en ont jamais inventé les plus grands tyrans :

> *Invidia Siculi non invenire Tyranni*
> *Tormentum majus*[1]...
>
> HORACE

Je me permettrai de dire à ces critiques et beaux esprits qu'ils ne sont pas plus juges de cela qu'un aveugle-né ne l'est des couleurs. J'ai toujours observé que les tonneaux vides sont les plus sonores : je me soucie de leurs coups de fouet comme la mer de ceux de Xerxès. La plus grande faveur qu'on puisse attendre d'eux, c'est celle qu'Ulysse obtint de Polyphème, d'être dévoré le dernier ; ils croient venir à bout d'un écrivain, comme César de son ennemi, avec un *Veni, vidi, vici.* J'avoue faire cas de l'opinion du petit nombre d'esprits judicieux, tels qu'un Rymer, un Dennis ou un W...k ; mais pour le reste, s'il faut en dire mon avis en bloc, je pense que la longue discussion des philosophes au sujet d'un *Vacuum* peut être résolue par l'affirmative en disant qu'il se trouve dans une tête de critique. Ils ne sont au plus que les frelons du monde savant, qui dévorent le miel et ne travaillent pas eux-mêmes ; et un écrivain ne doit pas plus tenir compte d'eux que la lune des aboiements d'un petit chien stupide. Car, en dépit de leur terrible rugissement, vous pouvez, en ouvrant l'œil à demi, découvrir l'âne sous la peau du lion.

1. « Les tyrans de Sicile n'ont pas inventé de supplice pire que l'envie », Horace, *Épîtres*, I, 2, dans *Œuvres*, *op. cit.*, p. 216.

Mais, pour revenir à notre sujet, Démosthène, à qui l'on demandait quelle était la première qualité d'un orateur, répondit : l'action ; quelle était la seconde : l'action ; quelle était la troisième : l'action ; et ainsi de suite *ad infinitum.* Cela peut être vrai dans l'art oratoire ; mais dans d'autres choses la contemplation surpasse l'action. C'est pourquoi un homme sensé n'est jamais moins seul que lorsqu'il est seul : *Nunquam minus solus quam cum solus* [1].

Et Archimède, ce fameux mathématicien, était si absorbé dans ses problèmes, qu'il n'aperçut pas les soldats qui venaient le tuer. C'est pourquoi, sans refuser les éloges dus aux orateurs, ils devraient considérer que la nature, qui nous a donné deux yeux pour voir et deux oreilles pour entendre, ne nous a donné qu'une langue pour parler ; ce que, néanmoins, plusieurs font si copieusement, que les amateurs qui cherchent depuis si longtemps le mouvement perpétuel peuvent infailliblement le trouver là.

Il est des gens qui admirent les républiques, parce qu'il y a fleuri le plus d'orateurs et qu'elles sont les plus grands ennemis de la tyrannie ; mais mon opinion est qu'un tyran vaut mieux que cent. D'ailleurs, ces orateurs enflamment le peuple, dont le courroux n'est en réalité qu'un court accès de folie.

Ira furor brevis est [2].

HORACE

1. « Jamais je ne suis moins seul que lorsque je suis seul » ; allusion au *De officiis* (III) de Cicéron, qui lui-même attribue cette parole à Scipion l'Africain.
2. « La colère est une courte folie », Horace, *Épîtres*, I, 2, v. 62, dans *Œuvres*, *op. cit.*, p. 216.

Après cela, les lois sont comme les toiles d'araignées, qui prennent les moucherons mais laissent passer les guêpes et les frelons. Mais, dans l'oratoire, le plus grand art est de cacher l'art : *Artis est celare artem*[1].

Mais ce doit être l'œuvre du temps ; nous devons saisir toutes les opportunités, et ne laisser échapper aucune occasion ; autrement ce sera la toile de Pénélope, il faudra défaire la nuit ce que nous aurons filé le jour. C'est pourquoi j'ai observé que l'occasion est représentée avec une mèche de cheveux par-devant et chauve par-derrière, ce qui signifie que nous devons prendre l'occasion aux cheveux (comme on dit), car une fois passée, il n'y a pas à la rappeler.

L'esprit de l'homme est dans le principe (si l'on me pardonne cette expression) comme une *tabula rasa* ou comme la cire qui, lorsqu'elle est molle, est susceptible de recevoir toute espèce d'impression, jusqu'à ce que le temps l'ait durcie ; et à la fin la mort, ce sombre tyran, nous arrête au milieu de notre carrière. Les plus grands conquérants ont fini par être vaincus eux-mêmes par la mort, qui n'épargne personne, du sceptre à la bêche : *Mors omnibus communis*[2].

Tous les fleuves vont à la mer, mais nul n'en revient. Xerxès pleura en contemplant son armée à l'idée qu'en moins de cent ans ils seraient tous morts. Anacréon fut étouffé par un pépin de raisin ; et une joie violente tue aussi bien qu'un violent chagrin. Il n'y a en ce monde rien de constant que l'inconstance ; cependant Platon

1. « L'art consiste à dissimuler l'art. »
2. « La mort est commune à tous. »

pensait que si la vertu apparaissait aux hommes dans son costume naturel ils seraient tous amoureux d'elle. Mais, à présent que l'intérêt gouverne le monde, et que les hommes dédaignent la médiocrité dorée, Jupiter lui-même viendrait sur la terre qu'il serait méprisé, à moins que ce ne fût, comme pour Danaé, sous la forme d'une pluie d'or ; car aujourd'hui c'est le soleil levant qu'on adore, et non le soleil couchant :

Donec eris felix, multos numerabis amicos [1].

C'est ainsi que, pour obéir à vos ordres, je me suis exposé à la censure dans cet âge caustique. Si j'ai été à la hauteur de mon sujet, c'est à mon lecteur éclairé à en juger : quoi qu'il en soit, j'espère au moins que ma tentative encouragera quelque plume habile à le traiter avec plus de succès.

1. « Tant que tu seras heureux, tu compteras beaucoup d'amis », Ovide, *Les Tristes*, I, 9, v. 5 (trad. D. Nisard, Paris, 1838).

Pensées sur divers sujets moraux et divertissants

NOUS avons tout juste assez de religion pour nous haïr, mais pas assez pour nous aimer les uns les autres.

*

Quand nous réfléchissons aux choses du passé, telles que guerres, négociations, factions, etc., nous entrons si peu dans ces intérêts que nous nous demandons comment on a pu s'agiter et s'émouvoir pour quelque chose de si peu durable ; le présent produit sur nous la même impression, à l'étonnement près.

*

L'homme sensé tâche, en considérant toutes les circonstances, de former des conjectures et de tirer des conclusions ; mais le plus petit incident qui survient (et dans le cours des affaires il est impossible de tout prévoir) produit souvent de tels retours et changements, qu'en fin de compte il est juste aussi incertain des événements que le plus dénué de lumières et d'expérience.

*

Il est bon que les prédicateurs et orateurs soient affirmatifs, parce que celui qui veut imposer ses idées et ses raisons à la multitude convaincra d'autant plus les autres qu'il aura l'air plus convaincu lui-même.

*

Comment peut-on espérer que les hommes acceptent des avis, quand ils n'acceptent pas même des avertissements ?

*

J'oublie si les avis sont au nombre des objets perdus qui, au dire de l'Arioste, se retrouvent dans la lune ; ils y doivent être, ainsi que le temps.

*

On n'écoute pas d'autre prédicateur que le temps, qui nous inculque toutes les idées que les gens plus âgés que nous avaient vainement essayé de nous mettre dans la tête.

*

Quand nous désirons ou sollicitons quelque chose, notre esprit n'en voit que le bon côté ; avons-nous réussi, il n'en voit plus que le mauvais.

*

Dans une verrerie, les ouvriers jettent fréquemment de petites quantités de charbon de terre, qui semblent étouffer le feu, mais le raniment, au contraire. Cela peut s'appliquer aux passions, qu'il convient de remuer modérément pour que l'âme ne s'alanguisse pas.

*

La religion semble retombée dans l'enfance, et demande à être nourrie de miracles, comme à son berceau.

*

Tous les excès de plaisir sont compensés par une somme égale de peine ou de langueur ; c'est comme lorsqu'on dépense cette année une partie de son revenu de l'année suivante.

*

L'homme sage est occupé dans la dernière partie de sa vie à se guérir des folies, préjugés et fausses opinions qu'il avait contractés dans la première.

*

L'écrivain qui veut savoir comment il doit se conduire envers la postérité n'a qu'à considérer ce qu'il est bien aise de trouver dans les vieux livres, et ce qu'il regrette qu'on y ait omis.

*

Quelle que soit la prétention des poètes, il est clair qu'ils ne confèrent l'immortalité qu'à eux-mêmes : c'est Homère et Virgile qu'on vénère et qu'on admire, ce n'est ni Achille ni Énée. Dans les historiens, c'est le contraire : ce sont les actes, les personnes et les événements qui nous occupent, et nous donnons peu d'attention aux auteurs.

*

Lorsqu'un vrai génie apparaît dans le monde, vous le reconnaîtrez à ce signe que les sots sont tous ligués contre lui.

*

Les hommes qui sont en possession de tous les avantages de la vie sont dans un état où nombreuses sont les chances de les troubler et de les incommoder, et rares celles de leur faire plaisir.

*

Il n'est pas logique de punir les lâches par l'ignominie ; car s'ils l'eussent redoutée, ils n'auraient pas été lâches : la mort est le châtiment qui leur convient, parce que c'est celui qu'ils craignent le plus.

*

Les plus grandes inventions datent des temps d'ignorance : la boussole, la poudre à canon et l'imprimerie ; et sont dues à la plus lourde des nations : aux Allemands.

*

Un argument contre les histoires de revenants et de spectres peut se tirer de l'opinion où l'on est que les esprits ne sont jamais vus de plus d'une personne à la fois ; ce qui équivaut à dire qu'il arrive rarement à plus d'une personne dans une compagnie d'être fortement attaquée de spleen ou de mélancolie.

*

Je suis porté à croire qu'au jour du jugement il y aura peu d'indulgence pour l'homme éclairé qui aura manqué de moralité, et pour l'ignorant qui aura manqué de foi, parce que tous deux sont sans excuse. Cela égalise les avantages de l'ignorance et du savoir. Mais peut-être passera-t-on quelques scrupules à l'homme éclairé, et à l'ignorant quelques vices, eu égard à la tentation pour chacun.

*

Plusieurs circonstances de l'histoire perdent beaucoup de leur valeur à distance, quoique de très minimes en aient une grande, et il faut considérablement de jugement chez un écrivain pour en faire la distinction.

*

C'est devenu une locution acceptée parmi les écrivains de dire : Ce siècle critique ; comme les théologiens disent : Ce siècle pervers.

*

Il est plaisant d'observer la facilité avec laquelle l'époque présente lève des contributions sur celle qui lui succédera : les âges futurs parleront de ceci ; ceci passera à la postérité la plus reculée : tandis que le temps et les pensées de nos successeurs seront tout entiers aux choses du moment, comme le sont maintenant les nôtres.

*

Le caméléon qui, dit-on, ne se nourrit que d'air, est celui de tous les animaux qui a la langue la plus agile.

*

En arrivant à la pairie, l'ecclésiastique perd son nom de famille ; le laïque, son nom de chrétien.

*

On fait dans les discussions comme dans les armées, où le plus faible allume de grands feux et fait un grand bruit pour tromper l'ennemi sur son nombre et sur sa force.

*

Certaines gens, dans l'idée de déraciner nos préjugés, détruisent la vertu, l'honnêteté et la religion.

*

Dans les sociétés bien ordonnées, on a pris soin de limiter la propriété ; et cela pour plusieurs raisons, celle-ci entre autres, dont il est rarement tenu compte : à savoir que lorsqu'il est mis des bornes aux désirs des hommes, après qu'ils ont acquis tout ce que les lois leur permettent d'acquérir, leur intérêt privé cesse, et ils n'ont plus qu'à prendre soin de l'intérêt public.

*

Il n'y a que trois moyens pour un homme de se venger de la censure du monde ; la mépriser, rendre la pareille, ou tâcher de vivre de façon à l'éviter : le premier de ces moyens se simule ordinairement ; le dernier est presque impossible ; la pratique universelle est pour le second.

*

Hérodote nous dit que, dans les pays froids, les animaux ont rarement des cornes, mais que, dans les pays chauds, ils en ont de très grandes. Cela pourrait donner lieu à une plaisante application.

*

Je ne connais pas de meilleure satire contre les gens de loi que celle des astrologues, lorsqu'ils prétendent annoncer par les règles de leur art quand un procès finira, et si ce sera à l'avantage du plaignant ou du défendeur ; faisant ainsi dépendre entièrement l'issue de l'influence des étoiles, sans le moindre égard aux mérites de la cause.

*

L'expression des Apocryphes au sujet de Tobie et de son chien qui le suit a été souvent tournée devant moi en ridicule ; cependant Homère parle plus d'une fois dans les mêmes termes de Télémaque, et Virgile dit d'Évandre quelque chose de semblable. Et je trouve que le livre de Tobie est poétique en partie.

*

J'ai connu des gens possédant de bonnes qualités qui, très utiles aux autres, ne leur servaient de rien à eux-mêmes ; comme un cadran solaire qui, placé sur la façade d'une maison, est vu des voisins et des passants, mais non du propriétaire qui est chez lui.

*

Si l'on tenait registre de toutes ses opinions sur l'amour, la politique, la religion, l'instruction, etc., en commençant par son jeune âge et en allant jusqu'à la vieillesse, quel amas d'inconséquences et de contradictions !

*

Ce qui se fait au ciel, nous l'ignorons ; ce qui ne s'y fait pas, on nous le dit expressément : on ne s'y marie pas et l'on n'est pas donné en mariage.

*

Quel misérable état que de vivre en suspens, c'est une existence d'araignée :

Vide quidem, pende tamen, improba, dixit[1].

OVIDE

1. « "Conserve la vie, mais cependant reste pendue, impudente", dit-elle », Ovide, *Les Métamorphoses*, VI, v. 136, trad. Joseph Chamonard, GF-Flammarion, 1966, p. 159.

*

Cette méthode stoïque de subvenir à nos besoins en supprimant nos désirs, équivaut à se couper les pieds pour n'avoir plus besoin de chaussures.

*

Les médecins ne devraient pas émettre d'avis sur la religion, par la même raison que les bouchers ne sont point admis à être jurés dans des questions de vie et de mort.

*

La raison pour laquelle il y a si peu de mariages heureux, c'est que les demoiselles emploient leur temps à faire des filets, et non à faire des cages.

*

Celui qui observe en marchant dans les rues verra, je crois, les visages les plus gais dans les voitures de deuil.

*

Rien ne rend plus incapable d'agir avec prudence qu'un malheur qu'accompagnent la honte et le crime.

*

Le pouvoir de la fortune n'est reconnu que par les misérables ; car les heureux attribuent tous leurs succès à la prudence et au mérite.

*

L'ambition souvent fait accepter les fonctions les plus basses : c'est ainsi qu'on grimpe dans la même posture que l'on rampe.

*

La mauvaise compagnie est pareille au chien qui salit le plus ceux qu'il aime le mieux.

*

La censure est la taxe que le public prélève sur les hommes éminents.

*

Quoique les hommes soient accusés de ne pas connaître leur faiblesse, ils ne connaissent peut-être pas davantage leur force. Il en est des hommes comme des terrains, où parfois existe un filon d'or dont le propriétaire ne se doute pas.

*

La satire passe pour le genre d'esprit le plus facile, mais je crois qu'il en est autrement aux époques très mauvaises ; car il est aussi malaisé de faire la satire d'un homme de vices distingués, que de faire l'éloge d'un homme de vertus distinguées. L'un et l'autre est assez facile lorsqu'il s'agit de caractères ordinaires.

*

L'invention est le talent de la jeunesse, et le jugement celui de l'âge mûr, en sorte que notre jugement devient plus difficilc à satisfaire lorsque nous avons moins de choses à lui offrir. Cela se reproduit dans tout le commerce de la vie : quand nous sommes vieux, nos amis trouvent difficile de nous plaire, et aussi s'en préoccupent moins.

*

Jamais homme sensé n'a souhaité de rajeunir.

*

Une raison futile diminue le poids des bonnes raisons qu'on avait données auparavant.

*

Les motifs des meilleures actions ne supporteraient pas une enquête trop rigoureuse. Il est reconnu que la cause de la plupart des actions, bonnes ou mauvaises, peut se résumer en l'amour de nous-mêmes ; mais l'amour de soi porte certains hommes à plaire aux autres, et l'amour de soi en pousse d'autres à ne plaire qu'à eux-mêmes. Cela fait la grande distinction entre la vertu et le vice. La religion est le meilleur motif de toutes les actions, cependant la religion est l'apogée de l'amour de soi.

*

Une fois que le monde a commencé à nous traiter mal, il continue ensuite avec moins de scrupule et de cérémonie, comme font les hommes envers une femme perdue.

*

Les vieillards voient mieux à distance, des yeux de l'esprit comme de ceux du corps.

*

Certaines gens prennent plus de soin de cacher leur sagesse que leur folie.

*

Le pouvoir arbitraire est la tentation naturelle pour un prince, comme le vin et les femmes pour un jeune homme, ou les épices pour un juge, ou l'avarice pour un vieillard, ou la vanité pour une femme.

*

Le fermier d'Anthony Henley, mourant d'un asthme, dit : « Ma foi, si je parviens à faire sortir ce souffle-là, je prendrai soin qu'il n'y rentre plus. »

*

La disposition à condamner beaucoup de choses sous le nom de futilités, de niaiseries et de biens purement imaginaires, est une très fausse preuve soit de sagesse, soit de grandeur d'âme, et un grand obstacle aux actions vertueuses. Par exemple, pour ce qui est de la réputation, il existe chez la plupart des gens de la répugnance à être oublié. Nous voyons, même chez le vulgaire, combien on aime à avoir une inscription sur sa tombe. Il ne faut pas beaucoup de philosophie pour découvrir et remarquer que cela n'a aucune valeur intrinsèque ; néanmoins, si cela est établi en nous comme stimulant à la vertu, on ne devrait pas le tourner en ridicule.

*

Les plaintes sont le plus grand tribut que reçoive le ciel, et la plus sincère partie de notre dévotion.

*

La facilité d'élocution, chez beaucoup d'hommes et chez la plupart des femmes, est due à la rareté des idées et à la rareté des mots ; car quiconque est maître de la langue et a l'esprit plein d'idées, sera sujet, en parlant, à hésiter dans son choix ; tandis que les parleurs ordinaires n'ont qu'un assortiment d'idées et qu'un assortiment de mots pour les en revêtir, et ceux-là, ils les ont toujours à leur disposition ; de même que l'on sort plus vite d'une église lorsqu'elle est presque vide que lorsqu'il y a foule à la porte.

*

Peu de gens sont faits pour briller en compagnie, mais il est au pouvoir de la plupart des hommes d'être agréables. La raison pour laquelle la conversation est tombée si bas à présent, ce n'est donc pas le défaut d'intelligence, mais l'orgueil, la vanité, le mauvais caractère, l'affectation, la singularité, l'entêtement, ou quelque autre vice, résultat d'une mauvaise éducation.

*

Être vain est une marque d'humilité plutôt que d'orgueil. Les vaniteux se plaisent à raconter quels honneurs on leur a rendus, quelle haute compagnie ils ont reçue, etc., et par là ils avouent clairement que ces honneurs étaient plus qu'il ne leur était dû, et tels que leurs amis n'y croiraient pas, si on ne le leur avait dit ; tandis qu'un homme vraiment orgueilleux croit les plus grands honneurs au-dessous de son mérite, et par conséquent dédaigne de se vanter. Je pose donc en maxime que quiconque ambitionne la réputation d'homme orgueilleux doit cacher sa vanité.

*

La loi, dans un pays libre, est, ou devrait être, la détermination de la majorité des propriétaires fonciers.

*

Un des arguments dont on se sert contre la Providence m'en paraît être un très fort en sa faveur. On objecte que les orages et les tempêtes, les saisons improductives, les serpents, les araignées, les mouches et autres animaux nuisibles ou incommodes, ainsi que beaucoup d'autres choses de même espèce, trahissent une imperfection dans la nature, parce que la vie de l'homme serait beaucoup plus facile sans cela ; mais le dessein de la Providence se voit clairement dans cette disposition. Les mouvements du soleil et de la lune, et en un mot, le système entier de l'univers, autant que les philosophes ont été capables de les découvrir et de les observer, sont au plus haut point de régularité et de perfection ; mais partout où Dieu a laissé à l'homme le pouvoir de porter remède, par la pensée ou par le travail, il a mis les choses en un état d'imperfection, dans le but de stimuler l'activité humaine, sans laquelle la vie stagnerait, ou plutôt même ne pourrait pas du tout subsister : *Curis acuuntur mortalia corda*[1].

*

La louange est fille du pouvoir présent.

*

Combien l'homme est peu conséquent avec lui-même !

*

J'ai connu plusieurs personnes en grande réputation de sagesse dans les affaires et conseils publics, qui étaient gouvernées par de sots valets.

1. « Les cœurs des mortels sont aiguisés par les soucis » ; allusion à Virgile (*Les Géorgiques*, I, v. 123).

*

J'ai connu de grands ministres, distingués comme esprit et comme instruction, qui n'avaient de prédilection que pour des imbéciles.

*

J'ai connu des hommes de grand courage qui avaient peur de leurs femmes.

*

J'ai connu des hommes d'une grande finesse qui étaient perpétuellement dupés.

*

Je connais trois grands ministres qui pouvaient exactement établir les comptes d'un royaume, et qui ignoraient complètement ceux de leur maison.

*

Les prédications des ecclésiastiques servent à retenir les gens bien disposés dans la voie de la vertu, mais y amènent peu ou point les vicieux.

*

Les princes font ordinairement des choix plus sages que les serviteurs auxquels ils confient la disposition des places. J'ai vu plus d'une fois un prince choisir un ministre capable ; mais jamais je n'ai vu ce ministre profiter de son crédit pour disposer d'un emploi en faveur de la personne qu'il en croyait le plus digne. Un des plus considérables de ce siècle avouait le fait et s'en excusait sur la violence des partis et le peu de raison de ses amis.

*

De petites causes suffisent pour tourmenter, lorsqu'il n'en existe pas de grandes : faute d'une souche, une paille vous fera choir.

*

Les dignités, un haut rang, ou de grandes richesses sont jusqu'à un certain point nécessaires aux vieillards, afin de tenir les jeunes à distance, qui sans cela sont trop disposés à les insulter à raison de leur âge.

*

Tout le monde désire vivre longtemps, mais personne ne voudrait être vieux.

*

L'amour de la flatterie, chez la plupart des hommes, provient de la piètre opinion qu'ils ont d'eux-mêmes : chez les femmes, c'est le contraire.

*

Si le nombre des livres et des lois continue à s'accroître comme il a fait depuis cinquante ans, je me demande comment on fera pour être instruit, comment on fera pour être homme de loi.

*

On dit communément des rois qu'ils ont le bras long ; je voudrais bien qu'on en pût dire autant de leurs oreilles.

*

Les princes dans leur bas âge, leur enfance et leur jeunesse, ont fait preuve, à ce qu'on nous raconte, de facultés prodigieuses, et ont dit des choses surprenantes, étourdissantes : l'étrange chose ! tant de princes pleins d'espérances, et tant de rois ignominieux ! S'il leur arrive de mourir jeunes, ils auraient été des prodiges de sagesse et de vertu : s'ils vivent, ce sont souvent des prodiges, en effet, mais d'une tout autre espèce.

*

La politique, dans le sens usuel du mot, n'est que corruption, et par conséquent d'aucun usage pour un bon roi ou un bon ministre ; c'est pourquoi les cours sont si pleines de politique.

*

Silène, le père nourricier de Bacchus, est toujours porté par un âne, et a des cornes à la tête. La morale de cela est que les ivrognes sont menés par les sots et ont grande chance d'être cocus.

*

Vénus, une belle et bonne dame, était la déesse de l'amour ; Junon, une terrible mégère, la déesse du mariage, et toujours elles furent ennemies mortelles.

*

Ceux qui sont contre la religion doivent nécessairement être bêtes ; c'est pourquoi nous lisons qu'entre tous les animaux Dieu refusa le premier-né d'un âne.

*

Une très petite dose d'esprit est estimée dans une femme, comme nous aimons quelques mots prononcés nettement par un perroquet.

*

Un aimable homme est un homme à idées déshonnêtes.

*

Apollon, le dieu de la médecine, passait aussi pour envoyer les maladies. Dans l'origine les deux métiers n'en faisaient qu'un, et il en est toujours ainsi.

*

Les vieillards et les comètes ont été vénérés pour la même raison : leurs longues barbes et leurs prétentions à prédire les événements.

*

On demandait à quelqu'un de la cour ce qu'il pensait d'un ambassadeur et de sa suite, qui n'était que broderies et dentelles, révérences, courbettes et gesticulations. Il répondit que c'était l'importation de Salomon : or et singes.

*

Il est question dans Pausanias d'un complot pour livrer une ville, découvert par le braiment d'un âne ; le cri des oies sauva le Capitole, et la conspiration de Catilina fut trahie par une prostituée ! Ces trois animaux sont, autant qu'il m'en souvienne, les seuls fameux dans l'histoire comme témoins et révélateurs.

*

Un grand nombre des divertissements des hommes, des enfants et autres animaux, sont à l'imitation des combats.

*

Auguste rencontrant un âne qui avait un nom heureux, se prédit à lui-même un avenir prospère. Je rencontre beaucoup d'ânes, mais pas qui aient des noms heureux.

*

Si un homme me tient à distance, ma consolation est qu'il s'y tient aussi.

*

Qui peut nier que tous les hommes soient violemment épris de la vérité, quand nous les voyons si fermes dans leurs erreurs, où ils se maintiennent par zèle pour la vérité, quoiqu'ils se contredisent chaque jour de leur vie ?

*

C'est parfaitement observé, dis-je, quand je lis dans un auteur un passage où son opinion s'accorde avec la mienne. Quand nous différons, je déclare qu'il s'est trompé.

*

Très peu d'hommes, à proprement parler, vivent dans le présent, mais ils arrangent leur existence pour une autre époque.

*

Quelque universelle que soit la pratique du mensonge, et quelque facile qu'elle semble, je ne me souviens pas d'avoir entendu trois bons mensonges dans tout le cours de mes conversations, même de la part de ceux qui étaient les plus célèbres en ce genre.

*

Des lois rédigées avec tout le soin et la précision possibles, et en langue vulgaire, sont souvent détournées de leur véritable sens ; pourquoi nous étonner qu'il en soit de même de la Bible ?

*

Un homme voyant une guêpe s'introduire dans une fiole remplie de miel, qui était suspendue à un arbre fruitier, lui dit : « Pourquoi, sot animal, es-tu assez folle pour entrer dans cette fiole où tu vois tant de centaines d'êtres de ton espèce qui meurent devant toi ? – Le reproche est juste, répondit la guêpe, mais non pas venant de vous autres hommes, qui êtes si loin de prendre exemple des sottises d'autrui, que vous n'êtes pas avertis par les vôtres mêmes. Si après être tombée plusieurs fois dans cette fiole, et en être échappée par hasard, j'y retombais encore, alors je ne ferais que vous ressembler.

*

Un vieil avare avait une corneille apprivoisée, qui avait l'habitude de voler des pièces de monnaie et de les cacher dans un trou ; ce que le chat ayant remarqué, il lui demanda pourquoi elle amassait ces ronds brillants qui ne lui étaient bons à rien. « Eh mais ! dit la corneille, mon maître en a un plein coffre, et il n'en fait pas plus d'usage que moi. »

*

Les hommes veulent bien qu'on rie de leur esprit, mais non pas de leur sottise.

*

Si les hommes d'esprit et de génie pouvaient se résoudre à ne jamais se plaindre, dans leurs ouvrages, des critiques et des détracteurs, le siècle suivant ne saurait pas qu'ils en aient jamais eu.

*

À en juger d'après toutes les maximes et tous les systèmes du commerce, un spectateur croirait les affaires du monde bien ridiculement combinées.

*

Il est peu de pays qui, bien cultivés, ne nourriraient pas le double de leurs habitants, et cependant il en est peu où un tiers de la population ne soit pas très loin d'avoir sa suffisance, même du nécessaire. J'envoie au-dehors vingt barils de blé qui entretiendraient de pain une famille pendant une année, et en retour je rapporte un tonneau de vin qu'une demi-douzaine de bons compagnons boiraient en moins d'un mois, aux dépens de leur santé et de leur raison.

*

Devise pour les Jésuites :

Quæ regio in terris nostri non plena laboris[1] ?

1. « Quelle contrée sur la terre n'est pas déjà remplie du bruit de nos malheurs ? », Virgile, *L'Énéide*, I, v. 460, *op. cit.*, p. 42.

*

Un homme aurait peu de spectateurs s'il offrait de montrer pour trois pence comment il peut enfoncer un fer rougi au feu dans un baril de poudre, sans qu'elle prenne feu.

*

Question. Les églises ne sont-elles pas les dortoirs des vivants aussi bien que des morts ?

*

Harry Killegrew disait à lord Wharton : « Vous ne jureriez pas de la sorte, si vous croyiez faire honneur à Dieu. »

*

Une copie de vers tenue dans le cabinet, et montrée seulement à quelques amis, est comme une vierge très convoitée et admirée ; mais imprimée et publiée, ce n'est plus qu'une fille publique, que tout le monde peut avoir pour un petit écu.

*

Louis XIV de France passa sa vie à échanger un bon nom contre un grand.

*

Puisque l'union de la divinité et de l'humanité est le grand article de notre religion, il est étrange de voir des ecclésiastiques, dans leurs écrits sur la divinité, totalement dépourvus d'humanité.

*

Les épicuriens commencèrent de se répandre à Rome sous l'empire d'Auguste, comme les sociniens, et même les épicuriens aussi, se répandirent en Angleterre vers la fin du règne de Charles II ; règne qui passe, quoique ce soit fort absurde, pour notre siècle d'Auguste. Les uns et les autres semblent des corruptions occasionnées par le luxe et la paix, et par le déclin commençant de la politesse.

*

Quelquefois je lis avec plaisir un livre, et j'en déteste l'auteur.

*

Il y a quelque temps, je voyais chez un libraire un livre avec ce titre : *Poèmes* par l'auteur du *Choix*. Ne pouvant pas prendre sur moi d'en lire plus de douze vers, je demandai aux personnes qui étaient avec moi si elles avaient jamais vu ce livre, ou entendu parler du poème par lequel l'auteur se désignait : elles étaient aussi ignorantes que moi. Mais je vois que c'est l'usage, parmi ces petits débitants d'esprit et de savoir, de se décerner un titre d'après sa première aventure, comme don Quichotte faisait d'après sa dernière. Cela vient de la grande importance que tout homme s'attribue.

*

Un certain Dennis, communément appelé le Critique, qui avait écrit un pamphlet de trois sous contre la puissance française, étant en province et entendant parler d'un corsaire français qui se montrait près de la côte, quoiqu'il fût à vingt milles de la mer, s'en fut en ville et dit à ses amis qu'ils ne devaient point s'étonner de sa précipitation, attendu que le roi de France, ayant appris où il était, avait envoyé un corsaire afin de se saisir de lui.

*

Le docteur Gee, prébendier de Westminster, qui avait écrit une petite brochure contre le papisme, étant obligé de voyager pour sa santé, affecta de se déguiser et de changer de nom lorsqu'il traversa le Portugal, l'Espagne et l'Italie ; disant à tous les Anglais qu'il rencontrait qu'il craignait d'être assassiné ou jeté dans les cachots de l'Inquisition. Il joua la même farce à Paris, jusqu'à ce que M. Prior (qui était alors secrétaire de l'ambassade) déconcertât tout à fait le docteur en dévoilant malicieusement le secret, et offrant de répondre corps pour corps, que personne ne l'inquiéterait, et même n'avait jamais entendu parler de lui ni de son pamphlet.

*

La femme de chambre d'une dame de ma connaissance, qui vivait à trente milles de Londres, avait le même travers d'esprit, lorsque causant avec une de ses camarades, elle disait : « J'apprends que le bruit court déjà dans tout Londres que je vais quitter mylady » ; et aussi un laquais qui, s'étant nouvellement marié, demandait à son camarade de lui conter franchement ce qu'on disait de cela en ville.

*

Quelqu'un disant à certain grand ministre que l'on était mécontent : « Bah, répliqua celui-ci, une demi-douzaine de sots se mettent à bavarder dans un café, et bientôt le bruit qu'ils font entre eux ils l'attribuent au monde entier. »

*

La mort d'un individu est en général de si peu d'importance pour le monde, qu'elle ne saurait être d'une grande importance en soi ; et cependant je ne remarque pas, d'après la pratique du genre humain, que ni la philosophie ni la nature nous aient suffisamment armés contre les craintes qui l'accompagnent. Je ne vois rien non plus qui puisse nous réconcilier avec cette idée, si ce n'est l'extrême souffrance, la honte ou le désespoir ; car la pauvreté, l'emprisonnement, la mauvaise fortune, le chagrin, la maladie et la vieillesse échouent généralement.

*

D'où vient la coutume de dire à une femme de regarder les cordons de son tablier pour trouver une excuse ? N'est-ce pas du tablier de feuilles de figuier porté par Ève, lorsqu'elle se couvrit, et fut la première de son siècle qui donna une mauvaise excuse pour avoir mangé du fruit défendu.

*

Je ne suis jamais étonné de voir les hommes coupables, mais je suis souvent étonné de ne pas les voir honteux.

*

Ne voyons-nous pas avec quelle facilité nous excusons nos actions et nos passions et jusqu'aux infirmités de notre corps ? qu'y a-t-il d'étonnant à ce que nous excusions aussi notre imbécillité ?

*

Il n'est vice ni sottise qui demande à être mené avec autant de délicatesse et de savoir-faire que la vanité ; et il n'en est pas qui, mal dirigée, fasse une plus méprisable figure.

*

L'observation est la mémoire d'un vieillard.

*

L'éloquence mielleuse et acérée est comme un rasoir qu'on a huilé et aiguisé.

*

Les maux imaginaires deviennent bientôt réels lorsqu'on se laisse aller à y penser ; comme celui qui, dans un accès d'humeur mélancolique, voit comme une tête sur le mur ou sur la boiserie, peut, avec deux ou trois coups de crayon, la rendre tout à fait visible, et d'accord avec ce qu'il s'imaginait.

*

Des hommes d'une grande capacité sont souvent très malheureux dans le maniement des affaires publiques, parce qu'ils sont entraînés à sortir de la voie commune par la promptitude de leur imagination. Je disais cela une fois à mylord Bolingbroke, et lui faisais observer que les employés de son ministère se servaient, pour couper une feuille de papier, d'une espèce de couteau d'ivoire au tranchant émoussé, qui ne manquait jamais de couper droit pourvu qu'il fût manié par une main sûre ; tandis que s'ils s'étaient servis d'un canif bien affilé, ils s'écarteraient souvent du pli et gâteraient le papier.

*

« Celui qui ne s'occupe pas de sa propre maison, dit saint Paul, est pire qu'un infidèle. » Et je pense que celui qui ne s'occupe que de sa propre maison, est juste l'égal d'un infidèle.

*

La jalousie comme le feu peut raccourcir des cornes, mais elle les fait sentir mauvais.

*

Le chapeau d'un valet doit se tirer à tout le monde ; et c'est pourquoi Mercure, qui est le valet de Jupiter, avait des ailes au sien.

*

Quand un homme prétend aimer, mais fait la cour par intérêt, il est comme un jongleur qui escamote votre shilling, et met quelque chose de très indécent sous le chapeau.

*

Tous les panégyriques sont mélangés d'une infusion de pavots.

*

J'ai vu des gens manier assez heureusement le ridicule, et sur des sujets sérieux être parfaitement stupides. Le docteur Échard de Cambridge, qui a écrit *Le Mépris du clergé*, était un échantillon remarquable de l'espèce.

*

Une des cimes du Parnasse était consacrée à Bacchus, l'autre à Apollon.

*

Le Mariage a beaucoup d'enfants : Repentir, Discorde, Pauvreté, Jalousie, Maladie, Spleen, Dégoût, etc.

*

La vision est l'art de voir les choses invisibles.

*

Les deux maximes de tout grand courtisan sont : « Toujours garder son sérieux » ; et : « Ne jamais tenir sa parole. »

*

Je demandais à un homme pauvre comment il vivait ; il répondit : « Comme un savon, toujours en diminuant. »

*

Hippocrate, Aph. 32, sect. 6, remarque que les gens qui bégayent sont toujours enclins à la diarrhée. Je voudrais bien que les médecins eussent le pouvoir de dériver sur les parties inférieures le flux de paroles dont beaucoup de gens sont atteints.

*

Un homme rêva qu'il était cocu ; un de ses amis lui dit que c'était mauvais signe, parce que lorsqu'un songe est vrai, Virgile dit qu'il passe par la porte de corne.

*

L'amour est une flamme, et c'est pour cela qu'on dit que la beauté attire, parce que les physiciens remarquent que le feu a une grande force d'attraction.

*

Une femme qui avait eu des galanteries, et plusieurs enfants, disait à son mari qu'il était pareil à l'homme austère qui récoltait où il n'avait point semé.

*

Nous lisons qu'une tête d'âne fut vendue quatre-vingts pièces d'argent ; on en a vendu dernièrement dix mille fois plus cher, et pourtant jamais il n'y en a eu plus grande abondance.

*

Je dois me plaindre que les cartes sont mal mêlées jusqu'à ce que j'aie un bon jeu.

*

Quand je lis un livre, qu'il ait ou non le sens commun, il me semble qu'il est vivant et qu'il me parle.

*

Quiconque demeure dans un quartier de la ville qui n'est pas le mien me fait l'effet d'être hors du monde, et je ne connais que moi et mes alentours qui en fassent partie.

*

Quand j'étais jeune, je croyais que l'univers entier n'était occupé, comme moi, qu'à discourir sur la dernière pièce nouvelle.

*

Mylord Cromarty, à quatre-vingts ans passés, se rendit à sa maison de campagne en Écosse, avec la résolution d'y rester six ans à vivre de privations, afin d'amasser de l'argent qu'il dépenserait ensuite à Londres.

*

Il est dit des chevaux dans la Vision que leur force était dans leurs bouches et dans leurs queues. Ce qui est dit des chevaux dans la Vision peut en réalité se dire des femmes.

*

Les éléphants sont généralement dessinés plus petits que nature, mais une puce toujours plus grande.

*

Quand les vieilles gens nous content ce qui se passait dans leur jeunesse entre eux et leur société, nous sommes portés à nous dire : « Combien ce temps-là était plus heureux que le nôtre ! »

*

Pourquoi la sœur aînée danse-t-elle pieds nus, quand la jeune se marie avant elle ? N'est-ce pas afin qu'elle paraisse plus petite, et conséquemment plus jeune que la mariée ?

*

Personne n'accepte de conseils ; mais tout le monde acceptera de l'argent : donc l'argent vaut mieux que les conseils.

*

Je n'ai jamais vu de badin (comme on les appelle) qui ne fût un sot.

*

Quelqu'un me lisant un ennuyeux poème de sa façon, je le décidai à en effacer six vers qui se suivaient. Lorsqu'il tourna la page, l'encre, qui était encore humide, salit autant de vers de l'autre côté ; et comme l'auteur se plaignait, je lui dis de se calmer, attendu que son poème n'en vaudrait que mieux si ces vers-là étaient supprimés aussi.

*

À Windsor, je faisais observer à mylord Bolingbroke que la tour où logeaient les filles d'honneur (qui à cette époque étaient fort belles) était très fréquentée par les corbeaux. Mylord répondit que c'était parce qu'ils sentaient la charogne.

TABLE

Mise en page par Meta-systems
59100 Roubaix

N° d'édition : L.01EHPN000668.C002
Dépôt légal : novembre 2014
Imprimé en Espagne par Novoprint S. A. (Barcelone)